Coração desnudo

Dados Internacionais de Catalogação na Publicação (CIP)
(Câmara Brasileira do Livro, SP, Brasil)

Ottaviani, Edelcio
Coração desnudo : sobre família e amizade à luz do cuidado de si
/ Edelcio Ottaviani. – São Paulo : Paulinas, 2014. – (Coleção transcender)

ISBN 978-85-356-3727-4

1. Cartas 2. Espiritualidade 3. Luto 4. Morte 5. Orações 6.
Reflexões 7. Vida cristã I. Título.

14-01608   CDD-259.4175

Índice para catálogo sistemático:
1. Acompanhamento no processo de morte : Reflexões : Cristianismo   259.4175

1ª edição – 2014
1ª reimpressão – 2014

Direção-geral: *Bernadete Boff*
Editora responsável: *Luzia M. de Oliveira Sena*
Copidesque: *Mônica Elaine G. S. da Costa*
Coordenação de revisão: *Marina Mendonça*
Revisão: *Sandra Sinzato e Ana Cecilia Mari*
Gerente de produção: *Felício Calegaro Neto*
Capa e diagramação: *Jéssica Diniz Souza*
Ilustrações: *Sergio Ricciuto Conte*

Paulinas
Rua Dona Inácia Uchoa, 62
04110-020 – São Paulo – SP (Brasil)
Tel.: (11) 2125-3500
http://www.paulinas.org.br – editora@paulinas.com.br
Telemarketing e SAC: 0800-7010081
© Pia Sociedade Filhas de São Paulo – São Paulo, 2014

Edelcio Ottaviani

Coração desnudo

Sobre família e amizade à luz do cuidado de si...

Ao meu pai Francisco Ottaviani, in resurrectionem:
"sua paixão me fez renascer".

E a todos os Franciscos que, como os Reis Magos, nos inspiram a perseguir a Estrela que brilha em nós, mesmo que fora de nós!

Apresentação

Ao ser escolhida para fazer a apresentação e introduzir o leitor à primeira versão do *Coração desnudo*, afirmo de antemão que um leitor é, antes de mais nada, aquele para quem o livro não foi escrito, mas por meio do qual ele se torna reescrito. Com ele, instaura-se um novo começo. Daí o autor mostrar coragem ao tornar pública sua obra, pois, enquanto criador, no momento em que lança seus escritos no mundo e para o mundo, ele se exonera de sua criação para se multiplicar em muitos, diversos e comuns, raros e singulares leitores. Seu texto não será mais o mesmo nem o autor será mais o mesmo. É preciso se desapegar de seus valores, até mesmo da sua obra, para experimentar o exercício da diferença. Escrever não é se revelar, mas tornar-se diferente do que se é ao lançar-se num combate incerto, em que o produto é sempre outro, uma surpresa variante e incerta. Como amiga do Edelcio há quase uma década, pude comdividir sua procura de uma existência autêntica e verdadeira, impulsionada pela fé nos atos e na fala de Jesus de Nazaré.

Coração desnudo é a tradução de uma obstinada afirmação da liberdade como percurso para a verdade. As cartas presentes no livro nasceram às vésperas da morte iminente de seu pai. Esse acontecimento abissal interrompeu o fluxo ordinário de sua existência para liberar uma singularidade possível que foi traduzida por uma escrita apaixonada.

Certo, a morte de um ente querido sempre nos atinge, mas, em se tratando de um padre, ainda que seja a morte do próprio pai, ela não se configura como algo aceitável de antemão? A convivência com a morte, atestada por incontáveis celebrações de exéquias, não seria para um sacerdote o "auto de fé" da religião cristã, particularmente a católica, em seu empenho de sustentar a verdade da morte como passagem para outra vida? Por que, então, conferir a esse momento tamanha importância a ponto de registrá-lo em cartas dirigidas ao pai?

Edelcio quebra com essa lógica e toma o fato da morte como um dado existencial, quem sabe absurdo, perante o qual não podemos deixar para o amanhã aquilo que no hoje se tem vontade de dizer. Como ele próprio afirma: "A morte tem pressa". Para falar a seu pai do sorriso mais bonito que recebera dele, resolve escrever-lhe uma carta sem esperança de resposta, uma vez que o pai se encontrava em coma induzido. A essa carta seguiram-se outras quatro, endereçadas à mãe, ao irmão, à sobrinha e à cunhada.

Mas o que significa esse envio inusitado de cartas? Seria uma atitude cristã testemunhando a importância da última hora neste mundo? Talvez. Afinal, seu autor é um padre. Contudo, essas cartas têm um sabor de algo inédito não somente pelo valor da escrita poética, mas porque exprimem o aprendizado dos *afectos*[1] no cuidado de si.

Este livro, dividido em duas partes: "Meu espelho" e "O espelho alheio", é precedido de uma introdução reflexiva com base em textos bíblicos e pensamentos de poetas e filósofos consagrados. O mais interessante, porém, encontra-se no experimento filosófico e religioso exposto por meio da liberdade poética, "contaminando" as cartas redigidas por suas amigas em momentos diferentes de sua vida, mas particularmente aquele envolvendo a morte de seu pai. Estas, em sincronia com as do autor, compõem um agenciamento potente de forças que atravessam a escrita, fazendo ressoar os modos de pensar, sentir e agir.

Longe de se configurarem em mensagens de consolo de si e dos parentes próximos, as cartas escritas por Edelcio interceptam um circuito de adesão à morte com um misto de perplexidade e indiferença, a fim de acatá-la como acontecimento. Foi nesse contexto que a escrita literária se fez urgente, afinal: como se aproximar desse instante de tamanha potência sem se arrebentar? A escrita poética foi o meio escolhido por ele para se deixar atravessar pelas forças vivas pertencentes a um espaço/tempo em que não se pode permanecer sem abdicar da existência. E por este motivo, os artistas inventam para si instrumentos para lidar com as potências da vida e da morte e os presenteiam aos amigos mais exigentes, amigos esses que compartilham com ele desse mesmo desejo do aprendizado dos *afectos* no cuidado de si.

Nesta obra, os leitores são contemplados com a liberdade da escrita: uma *escrita de si*. O escritor se exprime na forma de cartas a um destinatário privilegiado, seu pai. Não se trata de uma escrita confessional, mas de experimentar *afectos* ou devires como variações de estados que, por sua vez, são intensidades que circulam quando a verdade se encontra com a liberdade na produção de si mesmo como sujeito livre. Por isso, ao ser a escrita de si um exercício da produção de si mesmo e não uma revelação de alguém preexistente, ela tampouco tem a pretensão de servir de modelo.

Trata-se, todavia, de um convite à invenção de si mesmo por meio de uma escrita que é tomada como um acontecimento que não mais se confunde com os estados vividos, mas libera devires que estremecem, provocam e forçam os limites dos modelos reproduzidos automaticamente.

Em meio à iminência da morte de seu pai, Edelcio pôde vivenciar algo que fora, desde sempre, preparado para ele e que o aguardava numa espera incessante. Na forma de cartas dirigidas ao pai agonizante, ele pôde experimentar toda a potência dos *afectos* desse derradeiro instante, degustar cada mínima alteração dos estados múltiplos do corpo-coração desnudo. Na intimidade desse encontro com a morte, ele dispara uma escrita carregada de devires ou *afectos*. Sua escrita transita nas fronteiras das zonas de conforto e normalidade e assusta aqueles que combatem as paixões como vícios e, portanto, são inaptos e despreparados para vivenciá-las.

As cartas do Edelcio ao seu pai anunciam a liberdade e a vivência das paixões sem receio, ciente de que esta é a única forma de aprendizado, pois atacar as paixões como vícios é entregar-se ao governo externo de um guia, de um código moral, abdicando da própria liberdade em lidar com elas. Enganam-se, pois, aqueles que se fiam aos modelos abstratos de condutas idealizadas. Destes resultam dois efeitos igualmente perversos, a saber: julgar a vida como erro e submeter-se ao controle de um poder externo. Ora, como querer governar os outros se não consegue nem mesmo governar a si mesmo? Para se tornar artista e se construir a si mesmo como obra de arte é necessária uma experiência de si para consigo, em que se arrisca perder-se continuamente e a não ser mais o mesmo.

Edelcio, em suas cartas, não demonstra fraqueza diante da morte do pai, mas, ao contrário, toma esse momento como experimento da potência dos *afectos*. Ele faz desse momento a irrupção de uma nova subjetividade sedenta de liberdade, no encalço da verdade. Ao recuperar nesse percurso/escrito fatos de sua história vinculados às memórias de sua relação com o pai, mãe, sobrinha, irmão e cunhada, mostra não uma idealização submetida a um modelo de família bem-sucedida ou feliz. Muito pelo contrário, expõe, sem constrangimento, fatos brutos em sua crueza, dores e também alegrias. Nesse exercício, o passado se atualiza como invenção de novos possíveis no presente. Suas cartas aos familiares são nominadas de "meu espelho". O espelho não reflete uma identidade idealizada, tampouco a projeção narcísica de um eu que se deseja mirar. Diferentemente, essas cartas são escritas não para adular, mas por amizade. E o amigo é aquele que se arrisca a contrariar.

A confiança em relação a um amigo advém da admiração de sua coragem em extrair a Vida da existência. E foi assim que Edelcio "literalmente" sorveu o espírito de seu pai, não para mantê-lo como um fantasma, mas para provar o gosto da amizade interessada entre eles. Digo interessada porque se nutriu de uma coragem e alegria. Nos últimos anos em que pude acompanhar suas relações, eles mais pareciam duas crianças a brincar do que cumpridores de um papel ou de um *script* esperado de quem é pai ou de quem é filho.

Fazer amigos é uma arte do Edelcio. Em seu fazer, ele exibe a exuberância da afirmação de si, com todas as suas ambiguidades, erros, paixões e conhecimentos que generosamente oferece aos amigos, alunos ou fiéis de sua Igreja. A vida, berço das existências possíveis, é dadivosa. Mas ser dadivoso não é levar suas carências e misérias mal digeridas aos outros; antes, é estar à altura da vida neste mundo. Edelcio aposta sua fé na Vida, inspirado na vida e "no modo de ser na verdade" de Jesus de Nazaré.

Os artistas nem sempre têm consciência de suas potencialidades. Às vezes eles são demasiado duros consigo mesmos. Essa exigência reputa-se àqueles que entendem ser a arte de produzir-se a si mesmo não um dom natural, mas um trabalho árduo, contínuo e que os acompanha todos os dias. Como disse no início desta apresentação, não se lê um livro para reafirmar-se o que já se sabe, mas para tornar-se diferente do que se é. E estas cartas escritas com tamanha espontaneidade, ou seja, com liberdade, são audíveis para aqueles que não blindaram seus corpos das paixões, que são os autores das próprias regras do agir e que, por fim, não se curvam diante da obediência imposta. Os amigos destas cartas são aqueles que não perderam a memória da intensidade dos *afectos*... E, assim, podem vivenciar novos possíveis, o intangível e a potência da surpresa.

É preciso ter o coração na ponta da língua, na carne e nos ossos para desfrutar do *Coração desnudo*. Esse espelho de si e dos outros é o percurso de um aprendizado dos *afectos*. Ao leitor disposto segue uma sugestão: experimente e não interprete.

SILVANA TÓTORA
São Paulo, 28 de outubro de 2013.

Introdução

Este livro nasceu a contrapelo, na contramão, de trás para a frente. Seu início se deu por ocasião de uma carta póstuma: escrita num tempo presente, mas com a intenção de ser lida num momento futuro, o que efetivamente foi feito. Seu destinatário não a recebeu, mas, de alguma forma, tinha consciência dela, pois sua vida foi a sua inspiração.

O conteúdo desta obra, composto na maior parte de cartas reflexivas, endereçadas, mas nunca emitidas, emergiu em meio a uma gama de ideias e sentimentos orbitando preocupações acadêmicas e familiares que suscitaram, por sua vez, esperanças e temores. Quando meu pai deu entrada na Unidade de Terapia Intensiva (UTI), eu me encontrava na metade do curso de pós-graduação em Teologia Sistemática e esboçava a redação da segunda parte da dissertação, cujo tema é: *A busca da verdade no exercício da liberdade.*

Há um bom tempo eu vinha refletindo sobre a estrutura da família contemporânea e o desafio que ela representa para a nova evangelização, pois cada vez mais nos deparamos com crianças e jovens oriundos de lares isentos dos valores e práticas elementares da fé. Alguns cursos de formação, que dirigi a professores e funcionários de escolas do primeiro e segundo ciclos, me instigaram a refletir sobre a dimensão política da família e da amizade no processo educacional da atual geração. A possibilidade da perda de meu pai fez com que eu me debruçasse mais seriamente sobre essa temática. Nos dias que se seguiram à última internação de papai em um hospital, eu a tomei sob uma perspectiva não somente teórica, mas, sobremaneira, existencial. Felizmente eu estava no início das férias, quando me vi em meio ao turbilhão de todas essas solicitações. Diz a física que um corpo não pode ocupar dois espaços ao mesmo tempo. Resolvi então seguir minha intuição e, ao invés de sucumbir à luta entre o coração e a razão, comecei a externar a gama de sentimentos, gerando um caos dentro de mim. Tive primeiro que expulsar de minha cabeça as ideias que deram vida a este texto, para depois dar espaço à finalização da dissertação. Nascia, assim, um livro dentro do livro. Para trazê-lo à luz, escolhi a forma epistolar.

Não escrevo muitas cartas. Ao contrário, há anos que não escrevo uma longa e consistente carta. Em tempo de e-mails e mensagens fugidias, esta arte dos séculos passados se torna

cada vez mais rara. No entanto, ousando seguir os passos de Zaratustra, personagem emblemático do pensamento nietzschiano, sussurrei a mim mesmo, dizendo: "Aborreci-me da minha sabedoria como a abelha do mel que juntou em excesso; preciso de mãos que para mim se estendam".[2] As cartas se tornaram o instrumento dessa doação.

De antemão, afirmo que a sabedoria é a luz necessária refletindo sobre os maiores dramas da existência, e a *sabedoria prática* é a ação adequada para instaurar o equilíbrio de uma vida boa em meio aos desdobramentos desses mesmos dramas. A *sabedoria prática*, aplicação da *justa medida* da qual nos fala Aristóteles em *Ética a Nicômaco*, não se presta à mediocridade, pois é fruto de profundos pensamentos assimilados ao longo do tempo. Por isso "sussurrei a mim mesmo" as palavras do profeta, afinal, ninguém pode se dizer efetivamente sábio sem ter esgotado uma vida. De minha parte estou apenas iniciando o ocaso da minha, ao passo que Zaratustra, *alter ego* de Nietzsche, indicava um esgotamento que ocorreria cinco ou seis anos mais tarde.[3]

Se me inspiro nas palavras de Nietzsche é por estar convencido de que a sabedoria se dá pela assimilação articulada de pensamentos próprios e alheios. Apesar de muitos dizerem o contrário, não se pode, sem equívocos e sem desperdício, crer que um pensamento, para ser original, deva sempre começar do zero. Embora eu afirme em uma de minhas cartas que meu apelo criador se intensificou ao me deparar com o olhar fixo de meu pai contemplando o vazio, estou ciente de que esse vazio já "era" alguma coisa: um caos, um oco que se queria grávido de pensamentos. Não somos Deus, que cria a partir do nada (*nihil*).

A originalidade deste texto, se é que é preciso haver uma, se encontra na forma como dispus as ideias para dar vazão aos meus sentimentos, a exemplo dos artistas que se reapropriam e dão novos significados a velhos elementos. Nesse caso, sim, talvez nos assemelhemos ao divino por sermos capazes de articular uma resposta nunca antes imaginada para velhos problemas, a partir dos cacos soçobrados de antigos e novos pensamentos, como a parte daquilo que foi pensado e não vivido no presente do passado. Na carta dirigida à minha sobrinha, reportando-me ao que devia ter feito e não fiz (e que doravante me proponho a fazê-lo), vi-me, nesses dias de dores e angústias, na necessidade de reativar o "presente não vivido no passado" com o único instrumento que me restara nas mãos: a carga poética para responder politicamente ao enfadonho e tedioso cotidiano em que nos encontramos, eterno retorno do mesmo, sem nenhum matiz de seleção. Lançar mão dessa carga poética foi o meio que encontrei para inserir o *arcaico* no viés contemporâneo.

Em seu belo ensaio *O que é o contemporâneo?*, o filósofo italiano Giorgio Agamben nos lembra que *arcaico* significa o que está próximo da *arké* (origem) e que, portanto, não se situa apenas num passado cronológico.[4] Tal qual a criança que continua a agir na vida psíquica do adulto, a origem é contemporânea ao devir histórico e não cessa de operar nele.[5] Tornamo-nos contemporâneos quando recuperamos o "não vivido do passado" e fazemos desse "não vivido" a origem de um tempo que está por vir. No contexto deste livro, se quisermos tratar de relações familiares e de amizade ao molde contemporâneo, é mister aplicar os ensinamentos proferidos incansavelmente por Jesus a respeito do que se entende por "estrutura familiar":

> E voltou para casa. E de novo a multidão se apinhou, de tal modo que eles não podiam se alimentar. E quando os seus tomaram conhecimento disso, saíram para detê-lo, porque diziam: "Enlouqueceu!" ["Está fora de si"]. Chegaram então sua mãe e seus irmãos e, ficando do lado de fora, mandaram chamá-lo. Havia uma multidão sentada em torno dele. Disseram-lhe: "Eis que tua mãe, teus irmãos e tuas irmãs estão lá fora e te procuram". *Ele perguntou*: "Quem é minha mãe e meus irmãos?" E, repassando com o olhar os que estavam sentados ao seu redor, disse: "Eis a minha mãe e os meus irmãos. *Quem fizer a vontade de Deus, esse é meu irmão, irmã e mãe*" (Mc 3,20-21.31-35. Grifo meu).

Se a resultante desses pensamentos venha a ser considerada enriquecedora, bela e até mesmo obra-prima, ou mera repetição retalhada de ideias cansadas, depende tanto da *apreciação alheia* em relação à forma como nos apoderamos e dobramos esses pensamentos e sentimentos, quanto da *potência que os afirma*, de modo artístico e incondicional, no oceano da vida. A publicação deste livro tem sua origem nessas duas vertentes.

Este livro se divide, portanto, em duas partes. A primeira, configurando-se como um campo próprio de visibilidade, agrupa quatro cartas redigidas sob a estrutura molar da *Família feliz*, endereçadas à mãe, ao irmão, à sobrinha e à cunhada. A sequência destas é interrompida pelas cartas a meu pai. Nestas percebe-se um movimento diferente, molecular, uma tentativa de criar novas e mais potentes relações em âmbito familiar, baseadas nem tanto nos laços sanguíneos, mas nos vínculos de amizade. Em seu conjunto, todas essas cartas mostram os mecanismos destrutivos reproduzidos incessantemente pela *Família feliz* e dão início ao desnudamento do coração. A segunda parte do livro — constituída por uma reflexão sobre a amizade e por três breves cartas, e uma mais longa, redigidas não por mim, mas dirigidas a mim — ratifica a noção de família inaugurada por Jesus (cf. Mc 3,35) e apresenta um campo novo de visibilidades a completar o desnudamento inicial, mas desta vez não mais sob meu olhar, mas sob o olhar alheio. Em suma, se o conteúdo da obra vem a público por incentivo de terceiros, a vontade de olhar para a própria vida me fez tratar o conjunto dessas cartas como uma espécie de espelho.

O estopim que deu curso a boa parte dessas cartas parece banal, como banais parecem as pessoas que se viram envolvidas por elas. Tanto as cartas como as pessoas orbitam um paciente que se encontra na UTI de um dos tantos hospitais espalhados por essa megalópole que é São Paulo. Seu estado de saúde é grave, como grave é o estado de todos os outros pacientes que se encontram ali. Sobre a cabeceira de alguns, uma pequena papeleta com o nome, um número e uma frase, num primeiro momento indecifrável (NEGA ALERGIA), como parece indecifrável a tanta gente a inscrição que se encontra na cruz de Jesus (INRI).[6] O leito duzentos e vinte e quatro exibe essa plaquinha suspensa na parede de trás. Nele, entre aparelhos, tubos e luzes, repousa um paciente em seus oitenta e dois anos. Ele faz parte de uma família que se sabe comum, dentre tantas que se cruzam e entrecruzam nesse ambiente feito de cuidados, dor, esperança e dissabor. Apesar de trazerem marcas positivas e negativas de complicados esquemas de convivência, essas famílias, sem exceção, compartilham de uma intimidade às vezes insuportável, outras vezes necessária, como se houvesse uma solidariedade forçada, impulsionando cada uma, postada ao lado do ente querido, a se mirar ou na esperança de uma ou na resignação da outra.

A cena que antecede esse encontro inusitado e um tanto forçado entre famílias que nem se conhecem é recorrente: do quarto em que se encontra o paciente retiram os parentes e amigos, com suas roupas e olhares contaminados, para, logo em seguida, introduzirem a assepsia de médicos, enfermeiras e seus aparelhos. A mudança é brusca. Num átimo, se é intimado a desocupar o quarto repleto de objetos familiares — tais como pijama, escovas de dente, garrafas de água, copos de plástico — que, de certa forma, remetem o paciente e seus acompanhantes ao ambiente aconchegante do lar. Essa desocupação quase sempre é precedida da "doce" advertência de nada esquecer, sobretudo os dentes artificiais que doravante não mais ocuparão o espaço familiar de uma boca sorridente. O vazio que se instala no quarto desocupado prenuncia a possibilidade da morte iminente, diante da qual, nos dias subsequentes, os familiares serão levados ao gesto sacramental de purificar constantemente as mãos, como se purifica o coração ao entrar num santuário.

Para os que trabalham num ambiente hospitalar, a desocupação de um quarto é mais um procedimento corriqueiro. Mas o que se passa ali na UTI nada tem de rotina, porque o que determina a intensidade e o inusitado dos procedimentos médicos é a reação positiva ou negativa do paciente. Para nós, os leigos, que iniciamos nossa peregrinação a esse "santuário" de luta contra a morte, é um momento de parada no ritmo alucinante que empreendemos à vida. Dependendo do grau de proximidade com o doente, essa parada significa não somente o repensar o sentido que damos a ela – e, consequentemente, como estamos "nos constituindo" através dela –, como também roçar o fato de que ela, a própria vida, pode, a qualquer momento, ser interrompida.

Foi esse roçar a própria morte, justamente quando redigia parte da dissertação tratando sobre *a busca da* verdade, que a vontade de dizer a verdade a meu pai e a mim emergiu. Latejando por anos a fio, ela se materializou numa conversa necessária, porém indigesta, tanto para mim como para minha mãe. Sentado ao lado dela, indaguei-lhe: "O que faremos caso papai venha a falecer?". A conversa fria, suscitando dor e temor, selou um trato ali mesmo dentro do carro. O momento era de solidão compartilhada, o que não causou estranhamento a nenhum dos dois no momento em que a deixei em casa, sozinha, me dirigindo também sozinho para nosso refúgio em Arujá, distante mais ou menos trinta quilômetros da capital. Ali, em companhia dos livros e do computador, encontrei o único meio para exprimir o sentimento que se apresentaria nos dias subsequentes com a força de um vulcão que há mais de quarenta anos não entrava em erupção. Na iminência da morte de meu pai, inconscientemente era tocado por minha própria morte. Aos poucos, fui me dando conta de que não podia mais esperar. Como disse, em tempo de mensagens fugidias, trocadas apressadamente via on-line, outro instrumento não encontrei do que escrever uma pequena e densa carta, tendo como motivo uma imagem que não cessara de perturbar o meu sono numa das noites anteriores. Escrever uma carta foi o modo que encontrei para fazer passar todo o sentimento que irrompera assim, simples, inusitado, ao ver o sorriso mais lindo que até então recebera de papai. Os próximos meses seriam marcados pelo deixar de lado as reflexões sistemáticas e rigorosas da teologia e da filosofia para dar azo a uma escrita mais livre, tão próxima da prosa poética e do próprio poetar. Interiormente sabia que não poderia dar vazão ao sentimento, se não fosse por cartas. Mas nesse momento, o sentimento pedia a inversão das hierarquias. Doravante, seria ele quem daria a palavra final. Para ele, a prosa e a poesia pareciam mais eficazes e amigas do que até então lhe foram a filosofia e a teologia.

A essa carta somaram-se outras tantas – o sentimento queria muito mais e uma só era muito pouco. Queria expressar por ele o amor, o carinho e a cumplicidade de uma relação, experimentados intensamente só nesses últimos anos, em que não mais se sabia quem era filho e quem era pai. Como disse, o sentimento desejava dizer uma verdade também a mim: das relações negativas – em meio às quais nos vemos metidos desde que nos percebemos sujeitos de pensamentos e emoções –, que, tal qual o gelo das cordilheiras com o calor do verão, só podem ser diluídas pelo cultivo do amor e pela prática do perdão.

As outras cartas surgiram assim, pelo impulso da mesma vontade, e foram endereçadas à mãe, ao irmão, à sobrinha, outra vez ao próprio pai e, depois de reiterados adiamentos, à cunhada. Não se constituíram em acertos de contas nem em campo aberto para semear ressentimentos.

Elas se tornaram apenas um tímido, um pequeno espaço de visibilidade, a exemplo do espelho perdido, desolado e pintado no quadro *As Meninas*, de Velásquez, tão belamente descrito por Michel Foucault no primeiro capítulo de *As palavras e as coisas*. Essa visibilidade eu quis ofertar aos olhos de minha mãe, ao tratar da beleza do amolecimento de suas mãos na face sofrida de meu pai. Ao escrever ao meu irmão, queria entender o que, na adolescência, me fizera afastar-me de meu pai. Nas folhas em branco, escrevendo a verdade aos outros, vi aparecer a verdade de mim mesmo e descobri a intensidade do amor que sempre tivera por meu pai. Por isso o coração desnudo. Vi-me despido ao trazer à luz a intenção não dita à minha sobrinha, o ciúme adolescente que tivera de meu irmão, a raiva ante os mecanismos inconscientes e castradores desencadeados por minha mãe e, finalmente, o desejo cada vez mais profundo de conversar com meu pai, de trazê-lo para perto de mim, de abrirmos nosso coração um ao outro, para dizer despudoradamente "eu te amo", "eu sempre te amei", "oh, meu amor".

Pouco a pouco, as cartas apresentaram-se como verdadeiros encontros. Estes tinham hora marcada e já não era mais possível adiá-los. Adiados eram, sim, os outros compromissos. O telefone celular, artigo essencial nas andanças de lá para cá, tornou-se um incômodo companheiro. Fora preciso silenciá-lo para fazer ouvir a voz interior; para fazer aflorar e materializar "os pensamentos sobre pensamentos" que atravessaram minha mente por anos a fio, marcaram profundamente o meu corpo e se misturaram totalmente à minha carne. Não havia tempo para a espera. A morte tem pressa.

Por meio das cartas, eu finalmente materializava a visibilidade tão trabalhada por Foucault e um dos temas de minha pesquisa de pós-doutorado, ou seja, evidenciava os dispositivos familiares de dominação subjacentes à imagem de *Família feliz* – sempre presentes, mas nem sempre percebidos. Desse jogo de palavras e reflexões, provocado por cartas endereçadas sem expectativa de resposta, vinham à luz manipulação, dominação e controle, traços hediondos da *Família feliz*. Era emergencial, aos moldes de Santo Agostinho, trazer à tona a face nua e crua da violência mergulhada no presente do passado e na dádiva daquele instante poder vislumbrar, no presente do futuro, uma semente de libertação. O grito horripilante de Sileno, apontando para o maior bem da existência, "que é o não ter nascido", foi matizado pela leveza da escrita, pela plasticidade das metáforas e pelo som harmonioso das palavras que, alternadas, davam corpo à prosa e abriam espaço para um ensaio de poesia. Pouco a pouco, o *apolíneo* permitia que o horripilante fosse tocado sem que o tocante fosse petrificado pelo ressentimento e pela desesperança. Sentimentos de dor e beleza, numa inusitada composição, encontraram forma sobre a brancura do papel. Gradativamente, os raios de lucidez afastavam a névoa de um saber semiconsciente e ainda circundado de mistério. A consciência ampliada pela percepção aflorada ia, pouco a pouco, associando fatos. A contemplação, aquela união entre percepção e consciência, me fez perceber a mão divina unindo as pontas de um ciclo que eu tentara, aos trinta anos, em terapia, fechar: entender o porquê do afastamento entre mim e meu pai. Na sexta-feira, na hora mais clara do dia, se deu o veredito. A percepção aflorada captou o enigma. Às três da tarde, a hora da misericórdia, deu-se a morte do sofrido mecanismo que há muito unia mãe e filho. No sábado, teve início um luto e o prenúncio de outro.

Nem bem tinha assimilado o meu enterro, tive que me preparar para o velório de meu pai. E foi no domingo de sua morte que contemplei não apenas a sua ressurreição, mas também a minha. Sepultado na Festa da Transfiguração, sua paixão transfigurou minha existência e descortinou também para mamãe a possibilidade de um novo e mais potente ciclo vital.

As cartas que seguem mostram a cena de uma paixão que durou exatos cinquenta dias: a de meu pai em sua estada na UTI. Elas mostram que, de onde nada mais se espera, na proximidade do vazio, no esgotamento de uma existência, há vida e vida em abundância. Por meio delas, creio eu, pude contemplar o mistério da morte e ressurreição de Jesus sem o recurso das categorias teológicas, mas pela vivência de outra paixão, a de papai. A graça divina se manifesta quando e onde a gente menos espera; isso já sentira na carne o profeta Elias, que a percebera na brisa suave e não em meio ao terremoto e ao furacão (cf. 1Rs 19,11-12). O registro em tempo real dessas emoções e elaborações, tanto filosóficas quanto teológicas, perpassa o conjunto das cartas. Estas são o testemunho de um acontecimento que transfigurou uma vida e mexeu com algumas outras, cujo agnosticismo não as impediu de, a exemplo da viúva de Sarepta e o sírio Naamã (cf. Lc 4,25-27), captar o mistério. O testemunho dessas experiências encontra-se no posfácio desta obra.

Estas cartas mostram um filosofar e um teologizar poeticamente. Nelas, não vemos o modo acadêmico de fazer filosofia e teologia, mas a emergência de uma recusa de fazer o sentimento e as ideias se adequarem a um sistêmico modo de pensar. Elas pensam temas acadêmicos, mas com a liberdade da prosa. Em primeiro lugar, ainda que transpareçam nelas as inquietações filosóficas, teológicas e eclesiais do autor, o que se nota é o refletir sobre a vida lançando mão da prosa poética. Elas não são mais do que o experimento de uma vida que se permite ser outra, ser diferente de si mesma. Nunca escrevi poesias, senão aquelas típicas dos amores adolescentes. Por isso talvez tenha incorrido na imprudência do jovem poeta, interlocutor do escritor alemão Rainer Maria Rilke.

Apartando-me dos conselhos desse último, coloquei-as sob a inspeção de outros olhares, uma vez que não estava certo do que viam os meus. A segunda carta, dirigida à minha mãe, chamou positivamente a atenção da professora Neide Boëchat que, como eu, partilha do amor pela filosofia e se permite alguns arroubos poéticos e literários. A intimidade de minhas cartas eu a repassei a outros, falei delas em aulas, em homilias. Tal qual a Samaritana que teve o encontro com Jesus no poço de Jacó e saiu a contar sua experiência a todos de seu povoado, quis também partilhar o que senti por ocasião dos cinquenta dias da paixão de meu pai na UTI. Esses arroubos suscitaram reações das mais diversas. Num determinado momento, porém, passei a olhar para esses escritos não mais a partir de olhares alheios. A partir do olhar de dentro, tomei pela primeira vez a sério os primeiros conselhos de Rilke ao jovem poeta:

> Entre em você mesmo. Procure a razão que, no fundo, lhe pede para escrever; examine se ela estende suas raízes até o mais profundo do seu coração; reconhece-o frente a você mesmo: lhe seria fadado morrer se lhe fosse proibido escrever? Isto, sobretudo: pergunte na hora mais silenciosa da sua noite: devo eu escrever? Cave em você mesmo em direção a uma resposta profunda. E se esta

resposta se apresentar afirmativa, se lhe é permitido ir ao encontro desta questão séria com um forte e simples "eu devo", então construa sua vida segundo esta necessidade; sua vida, até sua hora a mais indiferente, a mais ínfima, deve se fazer sinal e testemunha deste impulso.[7]

Foi o que fiz nos dias que se seguiram à morte de meu pai. Passados quase dois anos, partilho agora o resultado com você, caro leitor. No final da segunda parte, agrego algumas poucas cartas que bem poderiam me ser remetidas pelo sírio Naamã ou a viúva de Sarepta. Elas têm como emitentes três professoras – Christiane Van de Walle, Silvana Tótora e Neide Boëchat. A primeira, já falecida, foi professora aposentada de francês e membro da comunidade paroquial de Saint Pierre, próxima ao centro geográfico da Bélgica (Ittre). Essa senhora, que comemorou setenta anos aqui no Brasil, me acolheu inúmeras vezes em sua casa, nas colinas de Virginal, distante cinquenta quilômetros da *Université Catholique de Louvain* (Louvain-la Neuve), onde me doutorei; a segunda exerce a docência no Departamento de Ciências Políticas e é coordenadora do curso de Ciências Sociais da PUC-SP; a terceira, minha ex-aluna, atua agora como docente e coordenadora no Curso de Filosofia do Centro Universitário Assunção – UNIFAI. Diferentemente da primeira, que já se encontra na glória de Deus, as duas últimas, sem partilharem da minha expressão de fé, parecem, no entanto, ter sido tocadas pelo mesmo mistério que envolveu a morte do meu pai.

Esta obra não se situa entre os livros sistemáticos de teologia nem de filosofia, muito embora o teor de suas cartas resvale em temas que concernem a essas duas áreas de saber. Prefiro que ela encontre um lugar entre os livros de espiritualidade, confessional ou não, pois é certo que há espiritualidade também entre aqueles que não professam necessariamente uma fé religiosa. Mas, se houver quem lhe dedique outro espaço, não me importo. Depois de escrito e publicado, um livro não mais nos pertence, quanto mais o conteúdo de suas linhas e entrelinhas. Só não o coloquem em meio aos livros de autoajuda – de fórmulas prontas, de aplicação imediata –, pois revela traços da arte do "cuidado de si", uma prática que demanda tempo, trabalho e constante dedicação de si sobre si.

Neste livro, os leitores encontrarão algumas expressões pouco usuais, criadas para traduzir sentimentos e, certo, aquilo que acredito ser o fundamento de minha fé, em comunhão com a Tradição da Igreja. Por isso, creio que algumas elucidações sejam necessárias, haja vista que é escrito por um filho que também é sacerdote católico e professor de filosofia numa respeitada faculdade de teologia. Utilizo bastante as expressões "corpo espiritualizado" e "espírito corporalizado" para expressar a crença na unidade intrínseca do ser humano e me opor a uma tendência dualista em ver alma e corpo separadas na condição humana e no mistério da encarnação e da ressurreição. Para expressar uma vivência tão arrebatadora, palavras são insuficientes, como foram insuficientes as palavras para expressar a experiência que os discípulos tiveram da ressurreição de Jesus. Como diz Andrés Torres Queiruga: "A consciência do significado [da ressurreição] tinha de se apoiar em experiências concretas interpretadas com base no 'pensável e no imaginável disponível'".[8] Não encontrei outra forma para dizer que sentia meu pai, ainda em vida, saindo de carro em minha companhia e conversando comigo em casa, enquanto ele estava ao mesmo tempo no hospital, a não ser lançando mão dessas expressões. Quando converso com ele em casa, sua presença é espírito corporalizado, ao mesmo tempo em que, no leito, monitorado pelos médicos, é corpo espiritualizado, pois o cérebro ainda funciona e faz trabalhar o coração. Por meio dessas expressões, professo a fé na unidade intrínseca da condição humana antes e após a morte, na ressurreição. Como diz Queiruga, "na memória que fazemos de nossos defuntos e no modo íntimo do relacionamento com eles, esses últimos são considerados presentes em sua *integridade pessoal*, não – apesar até das palavras – como 'almas' que esperam recuperar mais tarde o seu corpo".[9] Assim a morte tanto de meu pai como a do tio de meu pai, ocorrida poucos dias antes, são interpretadas como experiências imediatas de ressurreição, assim como se deu em Jesus Cristo. O *Repensar a ressurreição*, de Queiruga, parece corroborar essa concepção, quando diz: "A partir de Jesus a ressurreição começa a ser compreendida como já atual e como plena: *graças a ele,* na comunidade primitiva aconteceu a revelação de que *para todos e desde sempre* morrer já é entrar, e com plenitude *pessoal,* na salvação definitiva como comunhão total com Deus".[10]

O conteúdo das cartas reverbera o sentido dessas palavras, que já havia sido sedimentado em leituras passadas, mas que foi retomado, incessantemente reelaborado e existencialmente professado. Creio que essas poucas palavras bastam para situar tanto a forma quanto o conteúdo do que vem a seguir. Só me resta agora apresentar-lhes a carta-estopim que redigi por ocasião da estada de papai na UTI, a partir do dia 15 de junho de 2012. A imagem e a vontade de exprimir tudo o que se passou em menos de um minuto, eu as tinha na mente; só faltava tempo para colocá-las no papel. Expressa a ideia, apresento-lhe o que escrevi para meu pai, mas que não pude ler em vida para ele:

"Oi, pai, estou lhe escrevendo e acho isso um pouco estranho, pois não é uma carta comum. Não é uma carta para lhe dar notícias de mim ou perguntar algo sobre você, como várias vezes fiz quando estive morando na Bélgica. É uma carta escrita num momento presente, mas para ser lida num momento póstumo; uma carta para o depois dizendo o que de si estará para sempre.

Já por isso não seria uma carta comum, porém há outra razão. Ela foi inspirada por um instante único, passado nesses últimos dias e que me marcou profundamente, quebrando todos os paradigmas estéticos que o mundo à volta não cansa de veicular. Estética esta que se atém à forma do traço externo e, justamente por isso, mascara os harmoniosos contornos traçados lentamente no interior. Contornos preciosos que, invertendo a lógica do que é raro, se deixam entrever nas mais banais e prosaicas situações.

Quero falar de um de seus últimos sorrisos, para mim o mais belo.

Porém, para que a descrição desse sorriso seja efetivamente valorizada e encontre sua razão de ser numa graduação de perfeições, faz-se necessário falar de seus outros sorrisos.

Ao puxar pela lembrança, lembro-me de seu sorriso de satisfação ao ver a grande barraca, aquela semelhante às pipas, ser suspensa no ar. Era verão, o cheiro do mar misturava-se ao forte vento e à linhada destinada às incontáveis pescarias. Lançar mão dela fora o único modo de conter a força daquele objeto imenso, maior do que eu, diminuindo e se tornando cada vez mais pesado pela fúria crescente do vento.

Por um milagre da memória, igual àquele que evocamos na Eucaristia, ouço o som da carretilha desenrolar-se veloz e sinto seu hálito, marcado pelo hábito corriqueiro de fumar, me dizer como conter o objeto no ar. Eu era pequeno, talvez não tivesse mais que oito anos, mas sinto ainda meu esforço por fazer enroscar meus frágeis braços na linhada cortante, tentando em vão, na terra, dar alguns soquinhos para ver a imensa barraca saudar-me fulgurante no céu tendo aos pés as ondas brancas do mar.

No fato de evocá-la, dou-me conta do quão forte essa imagem ficou impressa nas minhas lembranças. Afinal, fora a primeira vez que eu o vira fazer algo especialmente para mim. Já o fizera, pelo trabalho incansável, coisas para nós: para minha mãe, meu irmão, minha avó, meu avô, para nossos parentes e amigos, como as pizzas cuja massa era acalentada carinhosamente nas tardes de sábado e que refletiam, sobre o azeite derramado, seu sorriso ao servi-las quentinhas e cheirosas para o gozo de todos. Condivisão, partilha, que fazia daquelas prosaicas noites, doces noites de delicioso sabor.

Mas, naquela tarde, diante do verdume do mar, eu gozava de algo que você havia feito carinhosamente para mim. Não fora algo comprado, trocado por meio da moeda que indiretamente representava um trabalho seu destinado a mim. Neste caso a ligação era direta. Naquela manhã, destinada à alegria da tarde, você trabalhara alegremente para mim. Num simples gesto de escolher o bambu, de cortar e aparar as varetas, de passar o barbante, de recortar, misturar e colar as folhas coloridas, de rasgar em tiras uma antiga calça para fazer a rabiola; ao montar aquele objeto hexagonal, ensinou-me o prazer da produção, revelou-me a realização do se apoderar de algo feito com as próprias mãos. Diferentemente do senhor despótico que se apodera do trabalho alheio, instigou-me o gosto pela liberdade ao me fazer contemplar o operário que se reconhece naquilo que faz, início de todo processo de desalienação.

Foi um momento mágico em que seu sorriso de satisfação se somou ao meu sorriso de reconhecimento e filiação. Nada que lembre uma relação assimétrica de senhor e escravo, mas a relação promissora que se dá entre mestre e aprendiz.

Muitos outros sorrisos se mesclaram nesses anos todos: sorrisos espontâneos irrompidos depois de ouvir uma piada marota; sorrisos de alegria ao ver uma vitória do Verdão, equipe que traduzia o brio por ter um pai nascido na terra de Dante; sorriso de orgulho pela formatura *de meu irmão; sorriso de êxtase na saída do Municipal por ter ouvido "Nessun Dorma", cantada pelo tenor próximo aos lábios de Eva Marton, célebre intérprete de Turandot; sorriso de reconhecimento pela dedicação e o companheirismo incansável de minha mãe; sorriso misturado às lágrimas no dia de minha ordenação; sorriso ao ver a casa cheia de gente, especialmente de crianças; sorriso na chegada da primeira e única neta; sorriso ao receber a nora, as cunhadas, o cunhado, os sobrinhos, os parentes e amigos. O sorriso da cumplicidade gratuita no banco ao lado do motorista, neste caso eu, quando mexia em sua orelha e punha o dedo embaixo de seu nariz adunco e dizia: "Dá o pé, loro!". Sorriso de gratidão e de entrega total, quando o pegava no colo e o colocava da cadeira de rodas ao assento do carro rumo às várias idas ao hospital. Sorrisos de chegada e sorrisos de partida.*

Porém, nenhum desses sorrisos foi mais lindo do que aquele que você me deu — na cama branca do hospital, com os cabelos desalinhados; os braços marcados e amarrados; acompanhado pelo som dos aparelhos, destinados a medir sua pressão e auxiliá-lo na respiração; na dor e na aflição; com os dentes ausentes da boca, — quando, meio atordoado, você me ouviu dizer: "Dê-me um sorriso, papai!!!".

Dessas palavras da primeira carta a meu pai, pinço três elementos, três momentos fundamentais que podem inspirar, a outros, sentimentos, ações, relações e construções capazes de constituir no mundo contemporâneo a verdadeira família dos filhos e filhas de Deus, como atesta a primeira carta do evangelista João: "Vede que manifestação de amor nos deu o Pai: sermos chamados filhos de Deus. E nós o somos!" (1Jo 3,1).

Primeiro elemento: quando vi meu pai *fazer algo especialmente* para mim. Relação direta, esse fazer algo especialmente para o outro nos retira da massificação em que estamos inseridos, do rol da coletividade indiscriminada, que mascara a importância singular de cada um; nos tira da vida consumista, dessa compra insaciável de coisas que compensa nossa falta de tempo para cuidar das relações de alteridade e impede que o papel de um pai ou de uma mãe seja desempenhado de forma construtiva. Esse fazer algo especialmente para o outro nada lembra "uma relação assimétrica de senhor e escravo, mas sim a relação promissora que se dá entre mestre e aprendiz".

Segundo elemento: a primeira vez que vi meu pai *fazer algo carinhosamente* para mim. Em nosso mundo, tão assolado pela violência verbal, física e psíquica, a gentileza é algo raro. É preciso ter palavras e atos de gentileza, de carinho; mostrar, por meio deles, que o outro é especial, singular, e não uma mera coisa entre as coisas·e sobre o qual eu projeto meus sonhos, meus castelos ou a possibilidade de vencer minhas frustrações presentes e passadas.

Terceiro e último elemento: as diversas vezes que vi meu pai *fazer algo gratuitamente* para mim. Não somente ao enroscar meus frágeis braços na linhada cortante, auxiliando-me a dar "alguns soquinhos para ver a imensa barraca saudar-me fulgurante no céu tendo aos pés as ondas brancas do mar", mas também "na dor e na aflição – com os dentes ausentes da boca, meio atordoado, ele me sorriu ao me ouvir pedir: 'Dê-me um sorriso, papai!!!'".

Na verdade, esses três elementos, esses três momentos, se somaram a um único: quando de aprendiz passei a mestre, quando de guiado passei a guiar, quando de governado me vi a governar, de carregado a carregar; quando a confiança mútua se instalou e já não havia mais parâmetros para dizer quem era filho e quem era pai; quando houve somente a grata e profunda cumplicidade do ser somente quem se é no momento que lhe é permitido...

Inicia-se aqui o desnudamento de um coração. Espero que possam, por meio dele, ter uma boa leitura das cartas e, quem sabe, ter uma melhor leitura de si para um maior cuidado de si mesmos e, consequentemente, um aprimoramento no cuidado dos outros, pois, parafraseando Foucault, "quem não tem governo de si não pode querer governar os outros".

Parte I

Minhas cartas, meu espelho

Oi, mãe,

Esta carta é para você. Não sei o porquê, mas desandei a escrever cartas sem esperança de resposta, talvez porque todas elas estão irrompendo neste tempo em que, entre idas e vindas ao hospital, me vi de férias, voltado para a finalização da dissertação de mestrado e impondo-me um tempo para pensar.

Nesta experiência inusitada, aprendemos que o tempo da UTI é outro. Para quem está internado ali, não se sabe se é noite ou se é dia. Perde-se a noção do tempo, em meio aos sons dos aparelhos, ao rumor incessante das vozes, às picadas das agulhas e às periódicas viradas no leito. Não sei o porquê, e nem mesmo ao lavar as mãos depois das visitas, de não conseguirmos nos livrar dessa confusão temporal. Penso que talvez seja por isso, mamãe, que saímos dali sempre atordoados e com dor de cabeça. No entanto, por uma dessas ironias do destino, meu tempo também se inverteu. O passar longo das horas que afeta o papai penetrou em mim; entrou nesses dias em minhas veias. Acredito que foi numa dessas horas em que, debruçado sobre ele, me pus a beijar sua testa um pouco molhada de suor. Acho ainda que foi precisamente nos momentos em que meus lábios se abriam para dizer "eu te amo, papai", "vamos estar sempre ao seu lado", que o vírus da temporalidade literária penetrou em mim.

Na verdade, queria que esse contágio não tivesse antídoto; que esse desdobrar infinito do tempo, dando-me a serenidade para pensar, se tornasse parte integrante de mim e não simplesmente um mal-estar passageiro, como esses resfriados que a gente pega e se entope de analgésicos, faz um chazinho e corre para a cama dormir até que passe. Na verdade, queria que essa doença se tornasse crônica em mim: que esse tempo para pensar e escrever o que desejo não saísse mais de mim. Sei que precisarei de muita disciplina para fazê-lo e de algumas ajudas medicais, como as doses homeopáticas de aconselhamento dadas pelos amigos. Confesso: ainda temo que tudo o que estou vivendo não passe de um resfriado passageiro.

Sabe, sempre me incomodou as palavras de Sêneca a Lucilius, que andava de lá para cá o tempo todo. Diz, assim, Sêneca a seu discípulo:

> Tanto aquilo que me escreves como o que ouço dizer de ti fazem-me ter boas esperanças a teu respeito: não viajas continuamente nem te deixas agitar por constantes deslocações. Um semelhante deambular é indício duma alma doente: eu, de facto, entendo que o primeiro sinal de um espírito bem formado consiste em ser capaz de parar e de coabitar consigo mesmo.[11]

Pois é, mamãe, você não é tão "usada no tempo" como Sêneca, mas sempre recriminou minhas correrias. Você é sábia, mamãe... Veja, omiti a palavra tão temida. Usei o eufemismo "usada no tempo" para não pronunciar o vocábulo execrado de suas atribuições pessoais que nem você nem suas irmãs gostam muito de empregar. Mas, não se preocupe não, a velhice pode ser um momento privilegiado. Veja como a senhora pega ônibus e não paga e não comete nenhuma infração; vai ao banco e não precisa ler um capítulo de livro até que chegue sua vez... Além do mais, já reparou como, de repente, todos se tornam gentis e, como se voltassem no tempo, lhe concedem um lugar privilegiado nos coletivos? É bem verdade que é lei, mas já é um começo para a civilidade. Aristóteles dizia, na *Ética a Nicômaco*, que a segunda natureza, pelo hábito, se torna uma primeira natureza. É assim mesmo, quando somos xucros, precisamos da norma; quando somos sábios, ela se torna artigo supérfluo.

Mas, nesta carta, não queria falar de mim, e, sim, de você. Ou melhor, quero falar de duas coisas que lhe dizem respeito e que chamaram mais minha atenção em nossas regulares visitas ao hospital, ao vê-la acariciando a face do papai: seu humor e o amolecimento de sua mão.

Primeiramente, o seu humor. Uma vez, Christiane — aquela minha amiga da Bélgica que corrigiu para um bom francês a minha tese doutoral, e em cuja casa passamos um Natal muito feliz, rodeado de amigos recentes que passaram, depois, a se tornar também seus amigos — me disse: "Alguém se torna sábio quando aprende a rir de si mesmo". Preste atenção, o que ela queria dizer é que "se é sábio quando se ri de si mesmo", de suas trapalhadas, de suas incongruências, de não se levar tão a sério. Isso torna a vida mais leve e a gente, menos pretensiosa e mais aberta ao cuidado de nós mesmos e, consequentemente, de nossa própria superação, encaminhando-nos à perfeição. Não é um dom, uma característica congênita, antes, é um constante aprendizado. Custei e ainda custo a aprender isso. Se hoje o faço, foi graças a muitas lições e muitos tropeços. Porém, isso você faz muito bem, não sei se por uma generosidade da natureza, se por um instinto de sobrevivência ou, como eu, por um árduo aprendizado. O que posso dizer é que você sabe rir de si mesma e, por isso, digo-lhe com todas as letras: você é sábia! Apesar de, às vezes, você dizer o contrário, ao se referir ao fato de nunca ter aprendido a dirigir e, por isso, lamentar-se por não poder conduzir o papai ao hospital, necessitando sempre de alguém para levá-los aonde convém...

Volto, entretanto, a esse rir de si mesma. Antes, quero ilustrar o fato àqueles que não viram e nem estavam à mesa do café para ouvi-la, meio sem jeito, narrar aquele acontecimento ímpar que se passara no dia anterior. Quando imagino a cena e o jeito de você contar, não posso deixar de gargalhar; não tanto, é verdade, quanto da primeira vez em que me contou. Eu tinha, naquele dia, o ventre doído. Reconstituía o filme na minha mente, tomada por tomada, e o via passar diante dos meus olhos com todas as imagens e sons da tecnologia digital; ria às gargalhadas só de imaginar a cena e sua esperteza em sair daquele imbróglio na pontinha dos pés...

Você me contara entre os goles de uma xícara de café, depois de mais uma ida ao hospital, o quanto naquele dia você estava transtornada, pensativa diante do estado de saúde do papai. Havia dois dias que ele saíra da UTI e passara à Unidade de Apoio Respiratório (UAR). Num primeiro momento, ficamos felizes, mas depois a felicidade se transformou em apreensão; mas sobre isso falarei depois quando tiver me dirigido aos médicos e enfermeiros. Sim, acho que também escreverei uma carta para eles...

Naquela tarde, você estava um pouco fora de órbita. Chegou pertinho do leito e ficou assustada com o comprimento do cabelo do papai; talvez, naquele momento, prestasse mais atenção a esses detalhes secundários, que eu, sempre que vou vê-lo, acabo invertendo a ordem e os coloco em primeiro lugar. Creio que, inconscientemente, tento deixá-lo tão bem exteriormente, ajeitando-lhe os cabelos, cortando os pelos das orelhas e do nariz, passando-lhe óleo e creme nos pés, como se o cuidado exterior pudesse passar miraculosamente para o seu interior e sarar os seus pulmões. Por isso, não deixo de ajeitar seus fios desalinhados e colocá-los por detrás das orelhas. Mas, naquele dia, seus olhos notaram o crescimento inesperado dos fios bem mais embranquecidos. Sim, a UTI desgasta a gente, não somente a nós que vamos visitar nossos parentes queridos, mas os próprios pacientes, apesar de todo cuidado intensivo. Mas, naquela tarde, você não hesitou: "Ei, abre os olhos; olha para mim!". Ele não os abria. Você começou a ajeitar os cabelos dele, mas como teimavam ficar para cima, você bem os apalpava para baixo: "Ei, vou pedir para vir um barbeiro cortar o seu cabelo, viu?". E nada... Ele nem lhe dava ouvidos nem abria os olhos. Então você começou a apalpar suas pernas como sempre faz: "Nossa! Como ele emagreceu... Acho que ontem ele estava muito inchado. Também com tanto soro!!!". "Ei, olha para mim", e sua mão calejada passava os dedos sobre a sua face. "Puxa, ele está mesmo magro"... Foi olhar a dieta, ela estava ali. Foi olhar o soro, ele estava no finzinho... A sonda introduzida no nariz e a boca murcha, pela ausência dos dentes artificiais, anunciavam que um alimento sólido ainda demoraria muito a passar por ela. Uma lágrima correu. Levantou o rosto para evitar que outras corressem e então seus olhos se depararam catatônicos com o número do leito. Era 8 e não 5. Você havia acariciado uma velhinha o tempo todo e quase mandado raspar a cabeça dela!!! Tonta, das idas e vindas ao hospital, você virou para a esquerda, em vez de seguir em frente, depois de ter passado pela porta da UAR. Na ânsia de ver o papai, você havia feito uma visita de inspeção numa companheira de quarto dele. Para não ser pega no flagrante de uma invasão de privacidade, olhou para os lados. Ninguém percebera. As enfermeiras não se tinham dado conta do imbróglio. Saiu na pontinha dos pés e se dirigiu ao leito certo. O papai estava lá, onde sempre estivera.

***

Diz a sabedoria popular que as mãos revelam o coração. Lou Salomé, ao falar sobre a vida de Nietzsche através de suas obras, dizia que as mãos dele traíam a espada afiada de sua língua e mostravam a doçura e a delicadeza do seu coração. Diz ela a respeito das descrições físicas de Nietzsche: "Ele tinha um riso doce, uma maneira de falar sem barulho, um passo prudente e refletido que lhe fazia curvar ligeiramente os ombros [...]. O olhar era, por outro lado, irresistivelmente atraído para as mãos, incomparavelmente belas e finas, das quais ele mesmo acreditava que elas traíam seu gênio. [...]". Nós encontramos na obra *Para além do bem e mal (288)*, do próprio Nietzsche, uma observação a esse respeito: "Há homens que revelam o espírito que os anima, façam o que façam; apesar de se esforçarem e se trabalharem para ocultar, por meio de suas mãos, os próprios olhos que os traem [como se as mãos não traíssem elas também, revelando o que vai se passando no interior [...]".[12]

À luz dessas palavras de Lou Salomé e de Nietzsche, quero lhe falar de suas mãos. Sei que tem um pouco de vergonha delas. Os dedos, de tanta roupa lavada, das janelas esfregadas, da louça e da casa impecavelmente arrumada, acrescidos de uma artrose acumulada ao longo dos anos, não se mantiveram alinhados. Mas nada disso é importante, o belo não se dá somente no harmonioso e na proporção estética. Lembra-se do mais lindo sorriso do papai? Como diz a canção, entoada brilhantemente por Mercedes Sosa: *"Las manos de mi madre parecen pájaros en el aire..."*. Sim, suas mãos, neste último mês, começaram a se tornar mais leves como os pássaros da canção em torno do rosto de meu pai. Tenho contemplado isso e não sabe o quanto essa visão me enche de alegria.

Suas mãos eu as conheço bem. Foi um aprendizado demorado. Não lembro, para ser sincero, do calor delas quando era pequeno, mas devem ter sido fortes, pois me aguentaram chorar intermitentemente por quase três anos, o que a fazia varar noites em claro. É verdade, elas precisavam descansar, para abrir as portas do bar e preparar os quitutes que seriam vendidos antes das 33 refeições servidas diariamente aos operários da loja de móveis *Fiel* ou da empresa *Orion*, as duas no antigo bairro do Brás onde nasci. Sinto a doçura da voz, amenizada pelos anos, a contar essas e outras peripécias, como aquela a respeito da mão resistindo ainda à revelia do corpo que já se deitara. Mecanicamente, ela puxava com uma corda o carrinho de bebê e o empurrava, no quarto desocupado de todos os móveis, como que para me dar a sensação de movimento, única forma que achara para me fazer parar de chorar. Foram essas mesmas mãos que me passavam para o colo das vizinhas que batiam de madrugada à sua porta, e, com isso, lhe davam a oportunidade de descansar ao menos duas horas antes de recomeçar a trabalhar. Um dia, e isso me deixava contrariado quando pequeno, ouvi dizer que meu pai, me achando muito mimado, me pôs no chão e me deixou chorar sobre o tapete. Afinal, no dia seguinte ele tinha que trabalhar... Você, delicadamente, me pegou nos braços e me levou para um local mais distante do bar, anexo ao qual tínhamos o nosso pequeno cantinho: um quarto, sala, cozinha e banheiro.

Mas suas mãos não eram só delicadas. Elas eram também pesadas. As surras que levei e as formas como apanhei o atestam. Eu sei que as constantes brigas entre meu irmão e eu a deixavam fora de si. Cinco anos que marcam a distância de nascimento entre um e outro irmão, quando pequenos, fazem muita diferença. Eram tantos seus afazeres que naquele dia você se desesperou: meu irmão e eu, brigando a ponto de quebrar a cama, atingíramos mortalmente, numa batalha, em meio a uma guerra de travesseiros, uma princesa de porcelana, que funcionava como abajur. Foram tantas as palmadas que eu fugira e me sentara chorando à porta de uma casa ao lado do açougue. Minhas tias que passavam por ali me perguntaram: "O que aconteceu?". E eu, soluçando de tanto chorar, lhes disse: "Quebrei a 'príncipa' da minha mãe". Disso tudo eu tenho saudade, mas não da saudade enquanto lamento por algo não vivido ou jamais retornado; antes, tenho saudade porque sentimentos assim nos dão a possibilidade de associar, na intensidade da memória e do coração, bons momentos vividos aglutinadamente, mas que, na realidade, se apresentaram esparsamente na vida. A saudade condensa e intensifica os momentos de prazer e reaviva a potência da vida. Enfim, não é de algo vivido e não mais possível que tenho saudade, mas desses fatos que dão mais intensidade ao momento presente. Não é só memória, também, pois esta é incapaz de reativar os sentidos presentes no passado. A saudade, pelo contrário, reativa o cheiro, o aroma, o molhado da lágrima. Por isso falo aqui de saudade, por isso lembrei-me da sua "príncipa" estatelada no chão.

Lembro-me, já maior, de suas mãos querendo me bater, e as minhas, mais potentes, segurando-a pelos punhos. Eu me punha a rir e você terminava por rir também, pois sabia que aquele método não serviria mais para me corrigir. Seria preciso outros, mais doces, mais amigos...

Suas mãos continuaram duras, no entanto. Não sei se percebeu, mas às vezes eu a abraço bem forte, passando docemente meus braços em torno de sua cintura para lhe ensinar a se entregar e, nessa entrega, verdadeiramente me abraçar. Sei do seu amor por nós. Aprendeu a expressá-lo em tantos gestos indiretos, mas nestes últimos tempos, junto ao leito do papai, suas mãos foram se amolecendo. Suas carícias no rosto dele já contornam a forma de sua face. Você não tem mais pudor em demonstrar o carinho e o amor. E isso está me encantando muito. Como é a vida, não, mamãe? Foram necessários tanto sofrimento, tantos altos e baixos nestes dias intensos de hospitalização, desprendidos de nossos afazeres cotidianos, que nos endurecem e embrutecem, para deixar suas mãos livres para acariciar...

Pela delicadeza que, nestes dias, estão amolecendo suas mãos, eu bendigo o Senhor Deus. Realmente, tal qual Nossa Senhora, ao cantar o *Magnificat* antes do nascimento de Jesus, não se esqueça também de agradecer ao Senhor, que tem feito maravilhas em seu favor. Ele fez suas mãos ficarem livres para acolher e transmitir o seu amor, expresso nas noites mal dormidas, no cuidado conosco e com papai, na roupa impecavelmente passada, em suas orações, na presença cotidiana e na gratidão expressa por uma ou outra canção entoada nas missas em que celebro. Mas não tenha pudor de cantar aquela canção entoada por Mercedes Sosa e que tanto encantaram papai e você, quando a coloquei no toca-discos pela primeira vez (sim, ainda eram os toca-discos e os long-plays de vinil): *"El tiempo pasa, nos vamos poniendo viejos, yo el amor no lo reflejo como ayer. En cada conversación, cada beso, cada abrazo, se impone siempre un pedazo de razón [...]. A todo dices que sí, a nada digo que no para poder construir esta tremenda armonía que pone viejo los corazones..."*.

Por tudo o que fez por mim, por tudo o que fez por nós: Obrigado, mamãe. Obrigado pela confiança, cumplicidade, amizade destes últimos anos que fizeram com que abdicasse de sua obsessiva forma de controlar todos os meus passos. Obrigado por ter apostado mais na confiança e no amor que nos une; por compreender meu gênio, que é tão forte quanto o seu; por estar aprendendo, ao me ver, agir, falar e pregar, a aplicar as lições que duramente tenho procurado assimilar e que, indiretamente, você está aplicando sobre si, numa verdadeira revolução de si mesma. Há muito ainda que aprender, mas feliz aquele que não tem medo de se transformar na bela arte de existir e de não ter medo de tornar-se diferente daquilo que é. Si, *"las manos de mi madre parecen pájaros en el aire..."*, rodeando como andorinhas o leito de meu pai...

Beijos

Edelcio

São Paulo, 24 de julho de 2012.

Oi, Tato,[13]

Não estranhe, não, esta carta. Sei que ela irrompe de forma inesperada, no cenário atual, mas eu a faço passar pessoalmente às suas mãos. Não se trata de nenhuma bronca, nem de um pedido para resolver algo mal resolvido. Também não é uma carta que o exponha, fique tranquilo... Antes, é uma carta de agradecimento por você vir no próximo final de semana ver o papai.

Sabe, ele continua a surpreender a todos. Aquela sua vontade de viver continua firme: a mesma que o fez superar uma cirurgia cardíaca, implantando uma mamária e duas safenas; um câncer na laringe e uma fraca isquemia cerebral, espaçados nesses quase trinta anos. Na semana passada, acredite, ele quase se foi. Mas, por um desses milagres de Deus, cujos detalhes lhe contarei depois, ele saiu da sedação. Foi uma cena marcante. Ele voltou a abrir os olhos e, desde sexta-feira passada, não mais os fechou, a não ser para tirar seus cochilos. Bem, cochilos estes não tão agradáveis, é verdade, como aqueles que ele tirava em casa depois do almoço e que se estendiam até o início de seus programas preferidos de televisão.

Seus olhos retomaram o brilho. Está respirando ofegante, mas tanto os rins como o coração estão funcionando normalmente. Somente sua pressão aumenta um pouco quando a gente se aproxima e lhe fala palavras de carinho. Ele é sábio, responde com os olhos ou mesmo com a cabeça, poupando o ar dos pulmões. Por isso emite poucos sons. Bem, mas isso nos é indiferente, pois já faz muitos anos que não ouvimos sua voz. Há muito a traqueotomia permanente e a ausência de cordas vocais levaram para longe a potência vibrante e máscula de seu timbre vocal. Não faz mal, ele aprendeu a se expressar de outros modos, com os olhos, com as mãos e, em especial, pelo sorriso. Vê como ele lhe sorri quando você vem visitá-lo? É notável o carinho que ele sente por você!

Vou lhe confessar algo: quando pequeno, eu tinha uma dose de ciúme desse carinho e dessa predileção por você. Isso durou até meus 18 anos, quando resolvi mudar minha estratégia e transformar o modo de me relacionar com ele. Escolhi o dia inicial do processo: o aniversário dele, que antecede o meu em dez dias. Como sinal da mudança, fiz um bolo feito especial e carinhosamente para ele. Era de chocolate. A receita era da vovó e ficou fofinho, provocando até uma inveja santa na mamãe. Mas, esse bolo, eu o fizera como um marco: doravante não iria esperar que ele se aproximasse de mim, mas iria encontrar uma forma mais positiva e estratégica de ir até ele. Antes, como se diz em francês, eu era *maladroit* (desajeitado) em minhas tentativas de aproximações. Chegava a ser agressivo, só para me fazer notar. Depois, não sem o auxílio das reflexões comunitárias e dos retiros espirituais promovidos pela Pastoral da Juventude, compreendi que dessa forma eu não conseguiria nada, e então mudei meu modo de agir. Demorou um pouco para que a aproximação começasse a se dar de forma positiva. Os "nãos" anteriores, marcados por pequenas doses de rispidez – a exemplo do segundo filho, na parábola contada por Jesus, que diz não ao pai, mas que depois acaba por realizar tudo o que este lhe pediu (Mt 21,28-32) –, o tornaram um tanto reticente e um pouco desconfiado em relação a mim. Mas, como diz o ditado: "Água mole em pedra dura tanto bate até que fura!" Olha, foi difícil para mim, mas só sei que, no fim, consegui! Dentre mamãe, você e ele, papai foi o único que compreendeu o que se passava comigo, quando tomei a decisão de largar tudo: faculdade, família, antigas e futuras namoradas e queridos amigos para entrar na vida religiosa. A mamãe bem que tentou fazê-lo me demover da ideia de entrar no seminário, mas foi em vão. Durante um jantar num restaurante, eu argumentei tanto diante das perguntas dele (mamãe, aliás, permanecia sempre calada), que depois de quase uma hora, ele cedeu. Vi o olhar um pouco insistente de minha mãe para ele, mas ele se virou para ela e lhe disse: "O que eu posso fazer se ele está obstinado com essa ideia?". É verdade, já havia me decidido e nem a ida a um padre-psicólogo, a pedido de vocês, me havia demovido dela. No final da conversa com o *Frei Vitalino*, na Igreja Santo Antonio do Pari, eu apenas o ouvi dizer: "Peça para seus pais virem conversar comigo!". Eu voltara para casa e lhes dissera: "Fui até lá. Agora, ele pede que vocês o procurem para conversar". O papai e a mamãe não foram...

Mas voltando ao ciúme... Como lhe disse, ele ganhou corpo por causa da forma como ele falava "de" e "com" você. A conversa entre vocês era mais natural. Vocês tinham os mesmos gostos sobre carro e futebol. Acredito que eu tinha mais ou menos treze para quatorze anos quando, meio contrariado, o ouvi falar de você. Sua boca estava cheia de orgulho quando a um senhor, cujo nome e fisionomia eu nem me lembro, ele discorria sobre suas qualidades. Estávamos na varandinha do sobradinho da vovó. O homem se situava no último degrau da escada, olhando para a porta de entrada; papai de frente para ele e eu bem atrás de papai. Ele mencionava suas aptidões de bom jogador de futebol; o fato de você cursar engenharia civil em Taubaté; de saber dirigir muito bem, de ter muitos amigos etc. De mim, que estava bem ali presente – certo, atrás dele –, não fizera menção alguma e nem mesmo se esforçara para dizer quem era eu. Na verdade, a cabeça do papai estava projetada no seu futuro (os pais sempre constroem castelos sobre a cabeça da gente: o que, feliz ou infelizmente, e na maior parte das vezes, os fazem se esforçar em vão). Enfim, quanto ao meu futuro, posto que este custaria a chegar, não valia à pena nem mencioná-lo; era como que, por isso, eu não existisse para ele e não fizesse parte do mundo e dos interesses dele, assim pensava eu. Na verdade, eu me esquecera da barraca que ele fizera para mim. Os sentimentos intensos de um adolescente às vezes lhe ofuscam a lembrança...

A bem da verdade, na época da conversa com o senhor anônimo – que de tão importante, repito, não guardei nem a fisionomia nem "a graça", como dizia papai – eu não era ninguém mesmo: não me enquadrava em perfil algum. Era alguém a respeito do qual não se sabe o que será. Nem me lembro de dizer o que seria quando crescesse, a exemplo das outras crianças do quarteirão em que morava minha avó. "O que você vai ser quando crescer?" é uma pergunta complicada e ao mesmo tempo sem sentido, que por si já apresenta vários problemas filosóficos, não só para as crianças, como também para os adultos. No entanto, éramos quase forçados a respondê-la. Tinha sempre um par de pernas insistente diante de nós e uma cabeça curvada em nossa direção, com cara de indiferença a repetir insistentemente a questão. Tudo fazia parte de um linguajar e atitudes comuns. Respondêssemos o que quiséssemos, a resposta nunca era tão importante; afinal, a questão já era uma pergunta feita, prosaica, dessas que as pessoas fazem para agradar os pais, e isso era o essencial! Nem se davam conta da análise filosófica que ela demanda. A começar pela primeira parte da pergunta: "o que vai ser?". Isso pressupõe que a criança não seja; como se ela já não fosse alguém com uma potência vital para se tornar efetivamente alguém! E "crescer", então, o que isso significa? Afinal, não existe por aí tanta gente adulta que nunca cresceu? Ou melhor, se nem gente se tornou, como poderia crescer? E por que a maioria das crianças é motivada a responder mencionando uma profissão? Será que "ser" é só profissão? O caráter não conta? "Ser" seria, então, o fazer algo, sem ao menos saber com que competência ou com que aptidão? É certo que, como criança, entrando na adolescência, eu jamais poderia problematizar tudo isso dessa forma e com esse grau de inquirição, muito menos responder a todas elas. Porém, tenho a impressão de que me calava ou falava qualquer coisa, para não deixar sem graça o autor da pergunta que, por alguma razão eu intuía, não tinha razão de ser. Nunca me lembro de ter dito, quando criança, "quero ser padre!". Quando, efetivamente, disse isso uma primeira vez, já não era pequeno, e a casa quase caiu!

Por outro lado, quem sabe, papai tinha razão: não havia nenhum sinal em mim que indicasse uma aptidão particular nem uma qualidade para destacar. Bem, na verdade, com doze anos, eu pouca coisa fizera que chamasse a atenção: jogar bola, não sabia. Era tão ruim no ataque e nos dribles, que meu posto era sempre o de goleiro, para temor do time em que havia sido escalado. Na escola, era um bom aluno, mas nada excepcional. Olhando para mim, naquele tempo, realmente não tinha nada que chamasse a atenção.

Com você as coisas eram bem diferentes: seu corpo era atlético e o papai já lhe permitia sair com o carro, mesmo tendo ainda dezesseis anos e sem carta de habilitação. Mais tarde, no terceiro colegial, as meninas não saíam do seu pé. Eram tantas as namoradas, que você fazia três turnos: saía com uma das 20h às 22h, com outra das 22h30 às 00h30 e depois ia para a Rua Augusta, local badalado na época, bem diferente da Rua Augusta atual, uma espécie de Oscar Freire daquele tempo, quando ainda não reinavam os *Shopping Centers* e os variados lugares de badalação. Lá, você sempre encontrava uma garota dando bola no final da noite e se colocando ao alcance da mão.

Gordinho, em meus 12 anos, eu o admirava de longe e, em casa, me olhava no espelho: um horror! Sempre tive um olhar e um senso estético aguçado: aqueles pneuzinhos fora da calça realmente não eram nenhuma sensação! Mas a vontade de me fazer aceito e de sair com alguma garota fizeram com que eu começasse a sentir a minha força interior. Iniciei um processo lento de adequação corporal. Fechei a boca e comecei a mudar minha alimentação. Porém, nada parecido com esses programas draconianos que se impõem a uma criança e fazem a sensação dos atuais e idiotas programas de televisão. Talvez ali tivesse iniciado em mim a prática do "cuidado de si" e o exercício de meu poder de autolegislação. Aliás, essa prática de cuidar de mim, não de forma narcísica, mas filosófica, eu a tive ainda aos meus dezoito anos, intuitivamente. Depois de ter entrado na Faculdade de Engenharia, de remar na raia da USP e alcançar meu apogeu corporal, me indicaram algumas agências de publicidade para fazer alguns trabalhos e ganhar um dinheirinho para o final de semana e, assim, não pesar demais no orçamento mensal do papai. Tudo era curtição e também um pouco de amor-próprio, para lavar a alma dos anos de frustração diante do espelho. O patinho feio tinha realmente mudado, mas não o bastante para não perceber que tudo aquilo era fugidio, passageiro, sem nenhuma perspectiva de efetiva realização. As entradas na cabeça, que começaram a aparecer bem cedo, anunciavam um desmatamento devastador. Longilíneo não era. O rostinho bonito na verdade era bem comum. Rapidamente percebi que aqueles anos dourados passariam bem depressa e então resolvi investir no meu interior, não sem antes me lembrar das palavras de Jesus, meditadas nos espaçados retiros espirituais: "Não ajunteis para vós tesouros na terra, onde a traça e o caruncho os corroem e onde os ladrões arrombam e roubam, mas ajuntai para vós tesouros no céu, onde nem a traça nem o caruncho corroem e onde os ladrões não arrombam nem roubam, pois onde está teu tesouro aí estará teu coração" (Mt 6,19-21). Na verdade, não sabia mesmo o que iria fazer até os dezenove anos. Lembro-me, às vésperas do vestibular, de dizer por telefone ao papai: "Pai, eu acho que não vou prestar nenhum vestibular no final deste ano. Penso em fazer mais um ano de cursinho e ver o que realmente eu gosto de fazer e, finalmente, conseguir responder à pergunta que me fizeram sobre o que serei quando crescer!!!". A voz potente que saíra do telefone se incorporara, tal qual um espectro seu, diante de mim. Ele nem deixou eu terminar a frase e acrescentou: "Tá maluco, rapaz, sua mãe e eu lhe pagamos um colégio caro para isso: você vai fazer o vestibular sim!". Na cozinha, mamãe se desesperava entre lágrimas — ela sempre teve *un penchant* para dramatização — e dizia para mim: "Nós o colocamos num colégio caro para você se preparar para medicina, e agora desistiu da ideia, depois que abriu o primeiro cachorro!". Sim, as aulas de biologia eram acompanhadas de experiências com sapos e cachorros, para horror das atuais ONGs em defesa dos animais. Mal sabia ela o que se passara no meu estômago para fazer minha boca jorrar aquele líquido fétido no chão. Não suportei ver o coração do cachorrinho bater vivamente, em meio ao corte realizado pelo professor. Saí do laboratório e, consequentemente, a ideia de me tornar médico saiu da minha cabeça também. Mesmo assim, tal qual as rezadeiras em vésperas de procissão na festa do padroeiro, mamãe saía a discorrer sua ladainha quase que diária, ao ver se aproximar o tempo fatal do vestibular. O *leitmotiv* era o mesmo: "Pensava em ser médico, desistiu; fazia propaganda, se aborreceu! Desse jeito, você não vai ser nada na vida!".

No final, para não ouvir mais aquele rosário de lágrimas e dor — sim, mamãe, além do humor, como disse, sabe dar um ar dramático às mais diversas situações (creio que ela seria uma ótima atriz de teatro ou televisão, não fosse sua insistente timidez); enfim, decidi ser engenheiro, como você. Porém, não sem antes ter sabotado a realização de um exame de vestibular, para não ter que viver a 500 km de São Paulo, mais precisamente na cidade de Lins. Quando fiz a inscrição, olhei no mapa e disse a mim mesmo: "Essa cidade é tão longe... aí não vou, não!". No dia do vestibular, o papai me deixou na entrada do local do exame. Depois que ele partiu, saí pela porta dos fundos e fui assistir ao filme *Bernardo e Bianca* num "pulgueiro" da Avenida São João! Doutra feita, pensara em fazer o vestibular errado, em Taubaté, só para ficar com a única opção que eu queria: uma universidade tradicional ali no bairro de Higienópolis. Mas, no dia do vestibular, bateu-me um pensamento: "E se lá eu não entrar?". Iam confirmar que eu não dava pra nada mesmo e então resolvi fazer o vestibular em Taubaté e, das cem vagas, ocupei o 30º lugar na lista de seleção. Bem, ao menos conseguira me safar da pecha de não ser um fracassado promissor...

A estada em Taubaté foi um horror! Seus amigos e você me fizeram pintar, como trote, a casa inteira em três dias. Os trotes na universidade eram irracionais, desumanos; diga-me qual a graça, e responsabilidade social, em empurrar carros com os pés descalços, sobre o asfalto, debaixo de um sol de 40 graus? Na primeira semana de aula, nem me dirigi à faculdade; antes, fui ao barbeiro mais próximo e, numa atitude ascética, pedi para raspar a vasta cabeleira da qual eu tinha muito orgulho, e fugi, naquela semana, para Caraguatatuba, onde estava mamãe. Depois de uma semana, acreditava que a selvageria se acalmaria. Na primeira noite, de segunda para terça-feira, acordei com um barulho de carro entrando em casa de madrugada. Era o papai; vinha me buscar para ir a São Paulo fazer a matrícula no Mackenzie. Naquele ano, tinha havido um erro na elaboração das listas de chamada. Era o ano de 1979, e meu nome, que era para estar na primeira lista, acabou ficando na lista de espera. Descoberto o equívoco, tiveram que admitir todos os candidatos, uma vez que a instituição sofrera processos judiciais de quem já estava dentro e daqueles que ficaram de fora. Papai não queria me buscar. Em sua cabeça, era bom eu estar com você em Taubaté. Mas só na cabeça dele. Para mim, na verdade, era uma tortura, pois era notável que eu não me adaptava ao seu estilo de vida nem à vida futura, que eu entrevira nos primeiros dias de república. A querida vovó, que me conhecia muito bem, me salvou. Quando papai lhe disse sobre sua intenção em nada me falar, ela o aconselhou: "Acho melhor não fazer isso, não! Quando ele souber que entrou na faculdade que queria e você não o avisou, ele ficará muito revoltado com você!". Papai, no final, sempre ponderava. E ainda lembro o colorido da estrada e o cheiro das árvores ao subir a serra naquela manhã de quarta-feira, indo, no banco de passageiro ao lado de papai, fazer minha inscrição para o vestibular, radiante da vida!

Porém, a alegria durou pouco, o bastante até eu me deparar com as enfadonhas e incompreensíveis aulas de matemática: Cálculo Integral, Trigonometria, Física I, Resistência dos materiais... Perguntava-me, a toda hora, o que estava fazendo ali entre uma cascata de números e de fórmulas na maior parte das vezes incompreensíveis. A decisão final se deu quando, já na época de estágio, fiquei contemplando, junto ao engenheiro responsável, uma pilastra, em silêncio, por quase dez minutos! Não sem antes ouvi-lo dizer: "Não converse diretamente com peão! Você, aqui, é superior ao mestre de obras. Faça a observação a ele e, então, ele se dirigirá ao setor responsável e chamará a atenção do peão". Ali se revelaram para mim uma hierarquia e um modo de ser que contrastavam radicalmente com o que eu refletia, a partir do documento da III Conferência Episcopal Latino-Americana, em Puebla, naquele ano. Esta leitura fora a escolhida pelos dirigentes do grupo de jovens para ser lida e debatida em nosso grupo de base. Não compreendia o fato de não poder dirigir uma palavra a uma pessoa que estava ao meu lado, de forma direta, franca, e ficar, por outro lado, dez minutos contemplando uma pilastra! Definitivamente, concreto não era para mim. Ao menos essa concretude!

Porém, o pior disso tudo é que essa minha decisão parecia confirmar as profecias de minha mamãe a respeito de mim – até eu tomar a decisão de entrar no seminário, não sem antes ter que passar pelas sucessivas provas do café da tarde. Nos meses que antecederam minha entrada no seminário, ao voltar para casa, depois do fatídico estágio de engenharia, deparava-me vez por outra com a mãe de uma ex-namorada, em casa, com ela, à mesa do café da tarde, como é tradicional na casa de todas as nossas titias. Não que aquilo me aborrecesse, pelo contrário, pois tinha um relacionamento ótimo com a mãe e a filha, mas, dentro de mim, eu ria das estratégias vãs que ela preparava para me desvirtuar daquela ideia "estapafúrdia" que eu metera na cabeça.

Nos anos que se seguiram, cada um de nós fez o seu caminho. Você terminou a faculdade e eu comecei a cursar Filosofia, desistindo, para segurança de todos, de meus estudos em Engenharia Civil. Destarte, nossas diferenças de outrora começaram a se tornar cada vez mais contrastantes. Temos gostos diferentes em quase tudo, cada um respondendo às condições que a vida nos deu, embora tivéssemos tido a mesma educação e as mesmas possibilidades. Você se formou e, depois de exercer um pouco sua profissão, foi trabalhar com o papai, logo depois da cirurgia dele do coração. Certo, foi um bem para ele, mas também para você. Com a firma do papai, você passou a ganhar mais, a adquirir carros mais novos e potentes, a criar cavalos e, certo, a ajudar a aumentar o patrimônio de nossos pais, que já era, naquela época, bem mais acima do que o da média das famílias brasileiras. Passou a aproveitar o barco mais moderno e mais potente que o papai, antes de operar o coração, sonhou em comprar. Lembro-me de nosso susto ao perguntarmos para ele com que nome ele tinha registrado o novo barco: "Realidade", disse ele. Eu e você respondemos em uníssono: "O QUÊ?". Sim, ele colocara no barco, tal como a *epistème* renascentista, um sinal intrinsecamente ligado ao objeto. Esse nome foi fonte de muitas piadas. Uma vez – lembra-se disso? –, Aninha, uma moça bonita, mas que não havia se casado e diziam estar passando da idade para tal, filha única de um casal conhecido, bem simples e conservador, saiu de barco com o papai e a mamãe. Depois do passeio em Ilha Bela, não aguentou. Radiante, ela telefonou para os pais, já meio idosos, ali mesmo da marina onde deixávamos o barco, e lhes disse aos berros: "Mãe, pai: caí na *Realidade!*". Quase que os dois enfartaram simultaneamente!

Em meio a tudo isso, eu entrei para a Teologia e ao cabo de sete anos fui ordenado sacerdote pelas mãos de D. Luciano Mendes de Almeida.

Ainda que continuemos, de forma figurada, com as guerras de travesseiros, permaneceram os laços sanguíneos de irmãos. Não chegamos a quebrar nenhuma "príncipa",[14] mas saímos algumas vezes meio trincados em nossa relação. Creio que tenho aprendido a não bater mais de frente com você e a tentar desviar daquilo que não me traz alegrias e machuca o coração. Fico feliz com seu novo emprego. Realmente, os negócios com o comércio de carne já não davam pé. Sei que está sendo difícil ficar longe da família, trabalhando a mais de cinco horas e meia daqui. Você já morou fora, no tempo da faculdade, mas era diferente. Tudo era festa. Posso imaginar o que deve estar sentindo, pois também passei por isso quando fui estudar na Bélgica. É duro não poder passar um aniversário com a família ou fazer uma simples refeição em comum com aqueles que amamos; sei que deve doer na carne não poder ver sempre o papai… O medo de que ele parta sem poder lhe dar o último adeus deve lhe ser insuportável, como a mim. Mas quem sabe nossas preces sejam ouvidas e todo esse temor se esvaia…

Porém, aproveite este momento. A sabedoria filosófica diz que só valorizamos os óculos quando não os temos diante das vistas ou ao alcance da mão. Aproveite esse tempo de distanciamento, de suas antigas ocupações e de todos os que você ama, a começar por sua filha e esposa, para prestar mais atenção em si e em todos os que de certa forma fazem parte de sua história. Dizem os estoicos: "Nunca é demasiado tarde para cuidar de si"; de fazermos um balanço da vida e avaliarmos aquilo que deve ser mudado, descartado, para abraçar o que é essencial. E isso é tão pouco: será que você leu a carta que escrevi para o papai? O essencial ali era apenas o calor humano que resvalava em valorização singular de alguém, expressa pela confecção singela de uma barraca, feita para ser lançada fulgurante no ar. Posso lhe dizer que estes últimos anos que tenho acompanhado a doença do papai e, mais especialmente, este último mês têm sido um tempo de graça para mim.

Falo somente de alguns desses momentos, para não cansá-lo demais, e lhe dar o tempo de silêncio, tão necessário ao início de uma verdadeira metamorfose, inerente ao processo de uma estética de si. Veja bem: estética não quer dizer reduzir o peso e abdicar dos excessivos litros de refrigerante consumidos em momentos de ansiedade. Falo da estética enquanto forma dada à nossa existência, que conjuga sentimentos interiores em harmonia com gestos exteriores, em que cada atitude é a expressão de uma filosofia de vida, acalentada por um esforço cotidiano de fazer de nossa existência uma obra de arte, mesmo que para isso só nos tenha restado cacos soçobrados de vida e pensamentos desgastados.

Sabia que o reconhecimento e a presença gratuita que persegui ao longo de quase toda a minha infância e juventude, Deus me deu a graça de vivê-los nestes últimos anos com papai? Em sua velhice, por cuidar dele, por carregá-lo no colo, sem interesses financeiros mútuos, creio que acabei ficando com a melhor parte. Sua voz não ressoa, suas forças se foram, já não pode conduzir seu carrinho para me levar à faculdade; já não tem pernas para sair e andar quilômetros para comprar algo para mim. No entanto, nada está sendo mais precioso do que ver sua luta pela vida, esgotando sua existência até o limite. Às vezes, ele não consegue nem balbuciar uma palavra, mas as lágrimas de seus olhos quando lhe digo que o amo dizem tudo para mim. Agora compreendo na carne o que deve ter sentido a mulher que trazendo num vaso de alabastro uma quantidade considerável de perfume o derramou sobre a cabeça de Jesus, chorou sobre seus pés e os secou com seus cabelos: é sentimento puro de gratidão (Lc 7,36-50). Em sua exaustão, a existência gratuita de papai tem coroado de graças este meu meio século de vida. Nada se compara à alegria que sinto por estar com ele, ao puxar sua orelha brincando e fazer um cafuné na cabeça, colocar o dedo debaixo de seu nariz dizendo: "Dá o pé, loro!". Nada é mais doce do que vê-lo feliz andando de carro ao meu lado, rumo ao hospital, com seu olhar de moleque inspecionando as placas; recordando as ruas pelas quais incansável e incontavelmente passou pelo bairro da Mooca. Nada é mais puro do que seu olhar meio perdido e displicente ao ouvir as observações de minha mãe quanto ao desalinho da gola da camisa, e desta se fazendo aparecer fora das calças: *devir criança*, reservado somente a pessoas especiais que compreenderam, ao longo da vida, o sentido leve e saltitante da existência, ainda que por vezes ela apresentasse sua face horripilante de dor. Papai, sem ter sido universitário, compreendeu com a experiência da vida todo o sentido grego do *amor fati*: amor ao seu destino. Tal qual o herói trágico, faz-me contemplar a beleza na dor: Nada mais paradoxal do que ter visto, em outros momentos, a beleza do cuidado de minha mãe, vencendo o nojo, a limpar o catarro que saía pelo orifício da garganta dele e que, às vezes, escorria desapercebidamente pelo seu pescoço; orifício aberto e à mostra, que escandalizava até mesmo certos enfermeiros, preocupados com a higienização, mas que se apresentava para mim e, tenho certeza, para ele também, como uma medalha permanentemente exposta a mostrar sua honrada vitória sobre uma doença fatal.

Guerreiro vitorioso é o papai. Um dia ele vai partir, não é um deus. Mas seu amor é divino e, a exemplo de Jesus, o Senhor vai resgatá-lo para junto de todos os seus, integrando-o luminosamente a Si, grande fonte de luz. Deus saberá perdoar também suas fraquezas e seus pecados, pois sabemos que no coração safenado de papai havia muito amor. Afinal, essa não é a conclusão mais plausível que tiramos das palavras de Jesus dirigidas à mulher pecadora na casa de Simão, o fariseu? Eis o que lhe disse Jesus: "Seus numerosos pecados lhe são perdoados, porque ela demonstrou muito amor!" (Lc 7,47a).

Sentado ao seu lado, eu gozo da presença nobre de papai, ainda que para o mundo pareça franzina e nada harmoniosa. Seus ombros tortos, devido aos nervos repuxados no momento da extirpação do câncer na laringe, e o nariz adunco o tornaram descritivamente uma mistura de *ET bonzinho* com *Mister Magoo*. Para mim, no entanto, nunca esteve mais belo. Cada vez que o pegava no colo e sentia que ele tinha segurança em me enlaçar o pescoço, agradecia a Deus por essa presença tão próxima e esse carinho tão gratuito que durante toda a minha vida eu quisera para mim. Nestes últimos meses, eu só tenho agradecido a Deus por ter vivido esses momentos na graça. Por não ter somente imaginado o que poderia ter feito por meu pai, sem fazê-lo efetivamente, servindo de presa fácil para culpas e remorsos.

Não obstante, à luz das palavras de Jesus, posso dizer que "sou um servo inútil, pois não fiz mais do que devia fazer" (cf. Lc 17,10)! Inútil, mas não estulto, pois tenho ciência de que sou amado por meus "pais": por aquele que me gerou na carne e por Aquele que me gerou no Espírito: "Vede que manifestação de amor nos deu o Pai; sermos chamados filhos de Deus. E nós o somos!" (1Jo 3,1).

Bem, era isso o que sua esperada vinda, neste final de semana, me levou a refletir, tendo em conta também o quanto sua presença fará o papai feliz. Num ou noutro momento, talvez, esta carta possa lhe ter passado a ideia de que ainda haja mágoa em meu coração. Pensei muito nisso. Não são mágoas. São marcas. Mesmo depois do perdão, é impossível que elas não fiquem gravadas na história de cada um. Somente uma convivência marcada por uma "com-divisão" da existência, que não implica necessariamente um acontecimento entre pais, filhos e irmãos, é capaz de apagá-las definitivamente do coração. O profeta Isaías compreendeu bem isso quando, a pedido de Deus, chamou o povo à conversão (Is 1,16-20). E nestes últimos anos, foi o que se deu entre papai e eu: convergimos um para o outro na experiência gratuita do amor.

Espero que haja entre você e ele esse reencontro também, por isso lhe desejo:

Boa viagem...

Forte abraço.

EDELCIO
São Paulo, 26 de julho de 2012.

Oi, Bi,[15]

Como vai? Está estranhando esta carta, não? Também é a primeira vez que lhe escrevo, não é? Nos meus devaneios e nessa minha inclinação para imaginar sentimentos e situações, sempre me vi lhe escrevendo ou sentado ao seu lado, ensinando-lhe coisas sobre a vida, sobre o mundo: isso tudo que a gente sonha, mas que nunca encontra os meios para concretizá-lo. Como diz São Paulo na carta aos Romanos: "Realmente não consigo entender o que faço, pois não pratico o que quero, mas faço o que detesto" (Rm 7,15). Sim, acho ruim não ter um tempo maior para ficar com você, sair com você, trocarmos ideias... Sem brincadeira, não tem uma vez que na semana eu não pense com carinho em você, associando-a a uma das coisas que faço, às vezes sonhando, às vezes lamentando por não poder tê-la perto de mim e comungando das coisas que realizo e gosto. Pode acreditar que é verdade! Conhece aquela velha canção do Roberto Carlos? Parece piegas, brega, eu sei, mas é verdade: "Eu tenho tanto pra lhe falar, mas com palavras não sei dizer...", o resto da canção você já conhece!

O meu amor por você é grande, mas chego a pensar que não é maior do que o amor do vovô por você. Na verdade, não sei se é maior, mas certamente é diferente. Por isso, você faz muito bem em vir vê-lo na UTI, como tem feito neste último mês. Não sabe o quanto isso lhe faz bem! Os olhos dele voltam a brilhar; a expressão fica mais leve. Afinal, você foi a neta esperada e desejada por ele, desde que começou a ver seus cunhados e amigos terem seus netinhos. Sabe o quanto o vovô gosta de criança, não é? Ele chega a ser pegajoso e acredito que é por isso, por causa desse amor por criança, que uma boa parte delas acaba, nas festinhas de família, fugindo dele; pois ele pega no braço, pede um beijo, agarra e abraça forte... "Criança não gosta disso", já falei para ele, mas ele insistia nisso mesmo assim! No entanto, há uma exceção, o Vinícius. De todos os sobrinhos-netos, o Vinícius, filho da Paula e do Lilo, é o que mais compreendeu esse amor dele por crianças e lhe dá a devida atenção. É bem verdade que a dificuldade em falar dificulta a comunicação do vovô com as crianças; mas o Vinícius é diferente, é paciente e gosta dele de verdade. Concede um tempo para ele e indaga sobre coisas do reduzido mundo em que ficou o vovô depois que passou a não poder mais dirigir. Acho que, por isso, ele também gosta tanto do Vinícius; além de os dois torcerem para o Palmeiras, é claro! Aliás, não sei se seus pais lhe contaram, mas quando o vovô soube que sua mãe estava grávida, a primeira coisa que ele comprou foi uma bola, acho que com o distintivo do "Verdão", não tenho certeza. Guardou-a com carinho no armário até bem próximo de você nascer. Acho que sonhava levar "o neto" no *Palestra Itália*, do qual era sócio e tinha cadeira numerada. Sonhava fazê-lo torcer bem forte e quem sabe ensinar-lhe, sem a vovó saber, algum palavrão. Sua mãe via a barriga aumentar, e nós também, com alegria. Mas nunca ela dizia se seria menino ou menina. Quando já fora possível saber o seu sexo no ultrassom, "nunca dava certo de você abrir as perninhas", assim dizia ela. Você já estava crescendo na barriga dela, já fazia uns seis meses, e nada de sabermos se seria homem ou mulher. Na verdade, creio eu, ela percebera o desejo do seu pai e do vovô de que fosse um menino. Até que um dia, na casa do papai, não sem antes ter comentado com a mamãe e de termos juntos a mesma impressão, eu falei: "Deixem de besteira e de pensar que é menino! Não veem que será uma menina?". Os dois me olharam perplexos, mas logo lhes caiu a ficha e viram o ridículo da situação. Mas o melhor ficou por vir: o vovô, muito sério e meio confuso falou pra gente: "E o que é que eu faço com a bola de capotão?". Esse é o vovô...

Nesses seus quatorze anos de vida, nós já tivemos momentos muito bacanas e desejo que tenhamos outros. Eu me lembro especialmente de dois: o primeiro, foi a nossa viagem a Florianópolis e o segundo foi nossa ida à Livraria Cultura. Foram momentos especiais para mim, espero que para você também.

Quanto à sua ida a Florianópolis, fico feliz de ter proporcionado a você a primeira viagem de avião. Você tinha loucura por voar e lembro-me dos seus olhinhos voltados para o alto quando você ouvia o barulho de um avião bem grande passar no céu. Isso acontecia quando a gente saía para tomar sorvete ou fazer algum passeio diferente. Sua mãe, no início, tinha receio de que você saísse comigo sozinha ou quando saíamos junto com a vovó. É o receio da mãe ao ver o pintinho sair debaixo de suas asas, o que é bem compreensível. Mas, de tanto eu insistir, aos poucos ela cedeu. Saímos várias vezes juntos e eu fazia força para jantar ao menos um dia na casa do vovô e da vovó para passarmos alguns momentos mais próximos. Você já percebeu que a vida do titio é uma correria só, não é mesmo? Eu a ajudava nos exercícios de matemática, sobretudo porque sua escola partia do modelo construtivista de resolução dos exercícios, e seu pai e a vovó lhe ensinavam da forma como aprendemos na escola quando éramos pequenos, isto é: decorando. O que sua escola queria lhe ensinar era o como chegar àquele resultado. Lembro-me das contas de divisão. Você fazia um montão de quadradinhos do lado, fazia subtração e somente depois de um longo sacrifício chegava ao resultado. No fundo, era meio complicado, mas o que os professores de sua escola estavam lhe ensinando era como chegar à conclusão compreendendo todos os passos da operação. Seu pai e a vovó ficavam nervosos porque aquilo era muito demorado e eles já chegavam rapidinho ao resultado. O que a vovó, o seu pai e eu fazíamos era simplesmente decorar a tabuada, é só isso. Nesse pequeno fato estão em jogo modos de ver a vida. Uns decoram fórmulas prontas e já têm as respostas para todos os problemas, mas não sabem ver a realidade por outros ângulos, porque não percorreram outros caminhos. Da forma como você fazia, havia por detrás um esforço em fazê-la perceber a ordem das razões e, assim, ser menos taxativa, quer dizer, menos senhora da verdade ao falar sobre as coisas, porque aprendeu a perceber a complexidade do percurso, pois nessa ordem das razões há diversos caminhos. Em matemática, área exata, é um pouco diferente, pois sempre se chega ao mesmo resultado, quase pelos mesmos caminhos; mas quando se trata do ser humano, a gente aprende que ele nunca responde da mesma maneira como os números; mas o mais importante é que, pela matemática, você aprendia o modo de ver a ordem das razões nas relações humanas que, certamente, não é tão exata assim. Será que compliquei mais do que a ajudei? Bem, estou tentando...

Bem, voltemos às nossa viagem a Florianópolis. Foi lindo ver seu rostinho maravilhado, mas também um pouco assustado quando fui buscá-las no aeroporto de lá. Sim, para que pudéssemos aproveitar bem a viagem, você e a vovó foram de avião e eu fui de carro. Assim, a gente pôde percorrer toda a ilha e fazer passeios muito agradáveis. Ficamos hospedados na casa da Idalina, amiga do titio e da mamãe. Lembra-se disso? No meio da semana, passamos um dia inteiro no Parque Beto Carreiro. Recordo-me do seu pavor em andar comigo na montanha russa; antes, você não queria ir, mas depois que foi a primeira vez, queria voltar sempre para a fila e gritar comigo no carrinho de novo. Lembro-me da sua alegria na encenação sobre um confronto medieval. Torcia pelo grupo vermelho (você sempre gostou de cores fortes quando pequena) e eu, pelo azul. A vovó ficou neutra e a Idalina também, para não puxarem a sardinha para o lado de nenhum dos dois. Foi um dia muito bom! Depois fomos tomar banho de mar e fazer piquenique na praia do Campeche. Tenho uma foto sua sentada numa cadeirinha de praia; você parecia que já tinha uns dez anos. Estava com cara de mocinha, com o cabelo solto e molhado, mas bem volumoso. Você ficou linda naquela foto. Somente a volta foi um horror. Naquela época, acho que você devia ter uns seis para sete anos, seus pais nunca a tinham levado viajar mais que por duas horas de carro. Houve um acidente na serra entre Santa Catarina e o Estado do Paraná e ficamos parados no carro por cerca de três horas. Chovia muito, lembra-se? Resultado, levamos dezessete horas para chegar a São Paulo, quando o normal era levar somente onze. Eu só me lembro de você perguntar, a cada meia hora: "Falta muito ainda, tio?". E eu, sem querer mentir para você, dizia: "Falta filha, ainda falta muito!". Você ainda não tinha noção do tempo e me perguntava: "Um tanto ou um tantão?". E eu lhe dizia: "Um tantaãããããão!". Você punha a cara numa blusa enrolada como travesseiro e fazia de conta que ia chorar. A vovó não parava de falar só para a distrair, mas aí você começou a chorar mesmo porque estava sentindo muita saudade de sua mãe e de seu pai, pois nunca tinha passado uma semana longe deles. Essa foi a primeira vez que saiu do ninho e começou a aprender a voar longe deles. Foi doído, mas a gente não podia fazer nada e o telefone celular, por causa da chuva, não funcionava. Seus pais já estavam preocupadíssimos e só conseguimos acalmá-los quando, por volta de oito horas da noite, encontramos um bar com orelhão e telefonamos para eles. Chegamos por volta de uma hora da manhã do dia seguinte. Foi uma aventura! Depois desse dia, cada vez que eu lhe falava de irmos para Florianópolis, você dizia: "Ok, tio, vamos! Mas a gente volta também de avião!". Esperta você, não?

Fizemos outros passeios, viajávamos para Caraguatatuba e comíamos camarão na praia, sempre no final do ano, quando minhas férias eram maiores e eu reservava uma semana para ficar com você. Uma ou outra, você vinha passar os finais de semana aqui em Arujá, às vezes com seus pais, às vezes somente com a vovó. O vovô, no início, não gostava muito de ficar todo o tempo aqui. Pegava o carrinho dele e ia para São Paulo. Lembro-me de um desses finais de semana em que a gente pensou em ir ao cinema, no *Shopping* de Guarulhos. Você tinha tomado banho e lavado os cabelos. Eu os sequei com um secador com o qual eu secava os pelos da Mel, quando ela era pequenina, depois de lhe dar um banho. Sequei os seus com o mesmo secador e minha mãe decidiu lhe fazer um rabo de cavalo, que não ficava tão bom como o que sua mãe fazia. Ela tentou três vezes e você a criticou. Eu só a ouvi dizer já um pouco brava: "Que é que eu vou fazer, se eu nunca penteei cabelo de menina, pois só tive filho homem?". Vi que ela já estava irritada e eu mesmo, com paciência, comecei a pentear seus cabelos, tentando fazer parecido com o que sua mãe lhe fazia.

Por último, o passeio na Livraria Cultura, situada na Avenida Paulista. Você, que gosta de ler, sentou-se comigo horas e horas sobre aqueles sofás grandões, jogados displicentemente no saguão central. Nós pegamos alguns livros e lemos trechos deles ali mesmo. Ali se pode ler à vontade, tirando os livros da prateleira e, se gostamos de algum, podemos comprá-lo. Eu comprei um para mim e você escolheu dois para você. Sua preferência, na época, era suspense e histórias de fantasmas, meio macabras. Havia uma série de que você gostava e da qual eu não me lembro do nome; você comprou dois números dela, os quais suas coleguinhas não tinham e assim você pensou que poderia trocá-los com elas. Boa ideia aquela. Nós adultos não aprendemos a fazer isso e queremos os livros só pra nós! Lembrando-me agora disso, acho que preciso aprender a socializar melhor meus livros. Você sabe que o titio tem bastante ciúmes deles, não é mesmo?

Creio que foram momentos muito bons, mas que aos poucos foram se tornando mais raros. O titio teve que se dedicar mais à universidade, para poder se inserir na carreira acadêmica na Pontifícia Universidade Católica de São Paulo (PUC-SP), e acabou entrando para o pós-doutorado, o que acabou ocupando aquela noite livre que eu dedicara durante alguns anos para ficar com você, na casa do vovô e da vovó. Você foi crescendo e dando também mais preferência aos seus amiguinhos, o que é compreensível. E assim, a gente foi se afastando um pouco, sem às vezes nos telefonarmos para saber como um ou outro está.

A gente se via vez por outra na casa do vovô e da vovó, mas creio que desaprendemos, tanto eu quanto você, a criar momentos de aproximação maior. Eu, concentrado em minhas ocupações, e você, com seus contatos de MSN e suas novas amizades. Nessa fase, realmente, os amigos são mais importantes do que os pais, os tios e os avós.

Lembra-se da última vez em que viajamos juntos? Foi para participar de um aniversário em Itatiba. Você não via a hora de ver a Marcelinha, sua prima de segundo grau e minha afilhada, aquela que de quem você gosta tanto e com a qual não para de se comunicar pelo *Facebook*... Era aniversário da sua outra priminha, a Laurinha, que tinha vindo com a Katrin, a Fabiola e o Thomas, de Berlim, só para festejar o aniversário entre nós. Pois bem, quando você me pediu para ir comigo, fiquei muito feliz, embora eu tenha a impressão de que não havia deixado transparecer a minha alegria. Acho que é porque aprendi a conter esta minha euforia, para não me frustrar um pouquinho depois. Na verdade, embora o titio recrimine isso nos outros, ele sempre se vê "fazendo castelos" junto a você. Enfim, você saberá logo o porquê.

No dia tão esperado por nós dois, o vovô e a vovó não puderam ir conosco. Vovô tinha acabado de sair do hospital, depois da cirurgia no fêmur, e se encontrava na clínica de recuperação. A vovó não quis ir com a gente, pois não concebia o fato de ir a uma festa de aniversário e deixá-lo ali, sozinho, aos cuidados das enfermeiras. Enquanto boa companheira, "à moda antiga", dessa vez ela não foi à festa não! Sei que não foi fácil para ela, pois sabemos como eles gostam de encontrar toda a família. Isso é tão forte no vovô que a mamãe não cansa de comentar que nunca o via tão feliz quanto num velório de algum parente seu. Era um riso só. Abria os braços e o sorriso vinha às orelhas. Papai era assim, se alegrava nos velórios, não como esses que contam piadas nesse momento triste para não encarar a morte. Não, não era esse o motivo. É que, ao ir a velórios, ele se alegrava por ver os parentes que há muito tempo não via e pelas lembranças que cada uma daquelas pessoas lhe revocava, recompondo diante de seus olhos uma vida que, eu julgo, ele soube levar até o esgotamento. Creio que, apesar de ter passado e estar passando por tanta dor, ele é feliz. É a conclusão a que chego depois de ter começado a escrever estas cartas. É uma felicidade serena, ao estilo grego, que soube aceitar os revezes da vida sem ressentimento e sem imprecações. Nunca o vi reclamando que as "coisas" deveriam ter sido de outra forma. Elas são o que são. Quando seu câncer apareceu, a exemplo do que fez em outros momentos de sua existência, ele o enfrentou com galhardia. Na verdade, mamãe tinha razão, não havia sentido ir conosco a Itatiba e deixá-lo sozinho ali. Daquele dia em diante, o vovô ficaria ora na cama, ora na cadeira de rodas, mesmo depois de voltar para casa no mês seguinte, até o dia de mais esta internação.

Mas voltando à nossa viagem... Como iríamos somente os dois no carro, pensei comigo: "Puxa, vai ser uma ótima oportunidade para ficar mais tempo com a Bianca e trocar muitas ideias e falar da gente, do que estamos fazendo, o que estamos planejando... (como se eu fosse viajar com um amigo meu!). Lembrei-me novamente do que São Paulo falara a respeito de si mesmo e, a exemplo dele, eu via as coisas se desenrolarem de forma bem diferente do que eu planejara. Eu queria saber da sua vida, falar um pouco da minha, e você não olhava nem pro lado, entretida com aquele celular a enviar mensagens para seu amigo que passou a morar nos Estados Unidos e que queria saber o número do seu calçado, para lhe dar um par de tênis "maneiro" quando voltasse ao Brasil. Eu me esqueço sempre de que, na sua idade, um par de tênis sensacional é muito mais importante do que falar sobre os pés que irão dentro dele, símbolo da base existencial de alguém. Acredito que deva conhecer algumas expressões populares. Há uma que diz: "Esse homem tem os pés no chão!". Traduzindo: é realista, consegue ver as coisas com objetividade! Outra fala o seguinte: "Essa mulher tem a cabeça na lua!". Traduzindo: é sonhadora, não consegue enxergar as coisas verdadeiramente como elas são! Pois bem, eu queria trocar ideias para começar a tornar seus pés mais firmes para a vida, "mais pé no chão", mas me esqueci de que uma adolescente está mais preocupada é com o que vai revesti-los. Também fui assim, mas eu queria que com você fosse diferente, que ganhasse tempo no seu aprendizado. Exigi muito de você? Talvez. Na verdade, eu estava pensando no que acredito ser o melhor para mim, mas que, nem sempre, é o melhor para você.

Quis tanto fazer isso que depois que nasceu só falava em italiano com você. Eu a pegava no colo e falava *"tante belle cose per te"*, cheias de carinho. Queria que crescesse já aprendendo outra língua e não fazer como eu, que só fui aprender francês aos dezenove anos. Era o início de meu legado para você. Ops, desculpe-me, "legado é algo assim, 'tipo', passar uma coisa bacana da gente, 'tipo', pra quem é legal com você, sabe? 'Tipo', um amigo, um filho, entendeu?". Notou o tio falar "tipo"? É para ver se me enturmo mais com você e a gente começa de alguma forma a falar a mesma língua. Veja que eu "to" me esforçando, apesar de você saber que eu abomino essa expressão! Mas vou ter que fazer uma exceção para conseguir o quero: falar de coração para coração com você.

Bem, voltando às minhas aulas de italiano, obviamente elas fracassaram. Quando você começou a falar e a compreender os que os outros falavam em português e eu vinha com o meu italiano, você se arrepiava toda e saía gritando para bem longe de mim. Acabou aí minha vocação de tio bilíngue porque, obviamente, era melhor vê-la falando português, próxima a mim, do que falando italiano longe de mim.

Numa outra tentativa de fazê-la se aproximar da cultura, não da livraria, mas do universo cultural, levei-a para ver um Auto de Natal, desses que as comunidades religiosas católicas encenam para lembrar a natividade de Jesus, para nos preparar para o grande dia de confraternização familiar, que a gente sempre fazia na paróquia São Paulo Apóstolo e que, depois, passamos a fazer em Arujá. Bem, eu havia preparado o Auto de Natal com uma professora amiga e toda a equipe de organização da Pastoral Universitária. Conseguimos trazer o Coral da PUC-SP (CUCA), uma orquestra de câmara e três solistas do Teatro Municipal, dentre os quais a soprano Mônica Martins, de quem eu acabei realizando o casamento. O Auto de Natal foi no TUCA, famoso teatro da Universidade Católica, incendiado propositalmente no tempo da ditadura, e um marco na história brasileira de resistência ao regime militar. Ali se apresentaram Bibi Ferreira, encenando "Gota d'Água", e ali eu abracei a Mercedes Sosa, depois de ter cantado maravilhosamente na companhia de seu bumbo, *"Duerme Negrito"* e *"Gracias a la Vida"*. Sei que isso nada diz para você, mas talvez num desses livros de história que a gente precisa estudar para entrar na universidade você saiba quem foram essas pessoas e o que elas fizeram para que você se comunicasse livre ao celular e pudesse ter liberdade também para dizer "não".

De alguma forma, você disse "não" para o titio no ano seguinte. Como sua mãe me havia dito que você tinha se aborrecido naquela apresentação do ano anterior, sem ela perceber, acabou não a incentivando a me acompanhar nas outras apresentações. Mas não é verdade que criança não gosta de verdura nem de frutas, embora seja saudável? E que os pais as fazem comer e, com o hábito, elas acabam adquirindo o prazer e o benefício para o corpo muito tempo depois? Pois bem, assim também acontece com as coisas relativas ao espírito. Sabia que em grego *dynamis* significa espírito? E que alma em latim se diz *anima*, e em português está na origem do verbo animar? Pois bem, essas coisas que ficam escondidas dentro da gente, *dynamis*, *anima*, são as que animam o nosso corpo. Assim, um espírito bem formado anima o corpo da gente e o faz ser aquilo em que vamos, com o tempo, nos tornar. Na verdade, com os meus convites, eu queria auxiliar na formação do seu espírito, para que pudesse adquirir aquilo que os sábios romanos levaram anos, senão séculos, para compreender e traduzir o esforço de fazermos a nossa beleza. Olha, fazer a sua beleza, aqui, não quer dizer passar horas e horas no cabeleireiro esmaltando as unhas e ouvindo conversas desinteressantes da vida de alguém que a gente, no fundo, nem conhece. Fazer sua beleza quer dizer adquirir uma harmonia entre espírito e corpo – *mens sana in corporis sano* –, de tal forma que a gente nunca fique fora de moda, em francês, *démodé*. Vistamos e calcemos o que quisermos, seremos sempre atuais, ou melhor, contemporâneos, num tempo além, "na crista da onda", como se dizia quando eu era criança, "na moral", como se diz hoje.

Mas, parafraseando o apóstolo Paulo, "eu continuo a fazer aquilo que não quero" ao me ver construindo castelos sobre você... Desculpe-me também por isso! Tente ver o lado do titio. Sua recusa em me acompanhar ao segundo "Auto de Natal" no TUCA me deixou bem triste. Na verdade, não foi tanto por causa de não ter gostado dos gêneros musicais – o que era compreensível para sua idade (tenho consciência de que estava exigindo muito de você) –, mas pelo fato de que você estava descartando uma outra lição, muito mais importante, e que eu estava passando carinhosamente para você: "Na vida, nós nem sempre faremos as coisas de que gostamos, pelas mais diversas razões. Porém, há coisas que faremos, mesmo sem gostar, pelo simples prazer de dar alegria a alguém que amamos. E no final, a gente acaba amando essas coisas também. É isso que faz com que de duas vidas diferentes seja possível construir uma vida em comum, com prazer e com amor".

Para finalizar esta carta, eu lhe peço ainda um pouco de paciência. Depois você pode voltar a enviar suas mensagens do IPad para seus amigos e trocar ideias "maneiras" com eles. Quem sabe até postar esta carta que eu escrevi para você (olha eu aí de novo criando meus castelos sobre sua cabeça!). Mas, se não achar tudo isso uma baboseira, "tipo" papo careta de tio padre, pode fazê-lo; afinal, depois que sair de minhas mãos, ela não pertencerá mais a mim, mas a você. Mas posso lhe confessar uma coisa, segredo de tio para sobrinha, eu queria que estas palavras passassem a ser parte de você, entrar por suas veias, contaminar seu sangue, irrigar todos os seus órgãos, enraizar-se em todas as suas células, como uma "doença boa", que transforma todo o seu ser... Macabro, não?

Por último, devo-lhe um pedido de desculpas. Sim, e para isso, não posso deixar de situar a razão do meu pedido de perdão.

Uma vez, você devia ter uns sete anos, creio eu, estávamos todos passando férias em Caraguatatuba, durante as festas de final de ano. Havíamos recebido a Virgínia, minha prima italiana e um amigo dela que vieram pela primeira vez à América do Sul. Você brincava em meu notebook com um joguinho que eu lhe havia dado de presente de Natal. Naquele momento, vendo que não o joguinho, mas o brinquedinho entre as suas mãos lhe agradava, eu lhe prometera dá-lo de presente a você tão logo pudesse comprar outro para mim. Naquele tempo, você não tivera motivos para duvidar da palavra do tio. Notebook, naquela época, era muito caro, e eu o havia adquirido em diversas prestações, com um data-show, para animar minhas aulas na universidade.

Creio que uns dois anos depois, na casa da vovó, auxiliando-a num trabalho da escola, você percebeu em minhas mãos outro notebook, novinho em folha. Esperta como é, logo pensou no outro que eu lhe havia prometido. Eu, de minha parte, também percebi que você percebeu, mas deixei passar e não toquei no assunto, passando a impressão de que você não se dera conta daquilo tudo. No dia seguinte, ao visitarmos o vovô, que havia sido internado por não sei agora qual razão, e ao estarmos reunidos no saguão do hospital, seu pai não se aguentou e começou a comentar o fato, quase que me perguntando, em seu lugar, sobre o outro computador, não sem vexá-la. Na verdade, você devia ter comentado o caso com seus pais e esse comentário deixava no ar a pergunta: "E o outro notebook?". Na hora, pego de surpresa, eu lhe respondi: "Tive que dar como entrada, o antigo, para comprar este aqui, de última geração". Vi, na hora, seu semblante mudar e, naquele momento, sua confiança na minha palavra se esvaecer, quer dizer, ir embora, dissipar-se, como uma nuvem no ar, apartando-se de você. Isso me doeu muito. Senti que, a partir daquele momento, sua credibilidade em mim ficou trincada e eu nada pude fazer para resgatá-la. Talvez o que lhe escrevo agora sirva para encontrarmos um meio miraculoso de fazer de novo você acreditar em mim, algo imaterial, mas que tem a materialidade "soldante" e reparadora, maior do que qualquer cola hiper, superpossante. Falo do amor e do perdão.

Eu menti para você. Duas semanas antes, eu havia almoçado com uma amiga, membro da Congregação das Irmãs Pastorinhas, Ir. Sônia, com quem eu havia estudado no tempo da faculdade de teologia. Ela estava em missão num país muito pobre da África, numa comunidade que não tinha recurso algum. Ela me contara de suas estratégias de trabalho com as mães das crianças da catequese e com estas também. Dizia-me que tudo lá era tão precário que nem computador havia para se comunicar ou elaborar alguma apostila e imprimi-la para oferecer às crianças e às mães. Senti uma vergonha danada, pois eu tinha nas mãos os meios mais modernos de comunicação e trabalho. Não pensei duas vezes. Na verdade, ao pensar naquelas crianças, não pensei em você. Poderia, se houvesse refletido melhor, ter encontrado uma solução mais nobre...

Saí dali e passei numa dessas boas casas que vendem tudo de informática e fui dar uma espiada nas condições de aquisição de um novo computador, à prestação. Havia um, mais potente que o meu, e que oferecia como brinde uma impressora com scanner e tudo o mais. Como eu precisava de um computador de mais recursos, fiz o seguinte: passei à irmã o meu *notebook* com a nova impressora. E lá se foi feliz da vida a irmã em sua missão. Tinha pensado em você, mas pensara também na situação constrangedora que seria a de você levar um *notebook* na escola. Não era o momento oportuno para isso. Eu tinha consciência de que, naquele tempo, o fato de uma criança ter nas mãos um objeto valioso que os outros coleguinhas não têm causa um sentimento de poder fascinante que, se não for bem elaborado, pode ter, no futuro, um efeito negativo em sua formação. Eu tinha essa preocupação, mas havia uma outra que me incomodava também: naquele ano, o vovô e seu pai passavam por uma crise financeira bem grave na firma de distribuição de carne que o vovô tinha há anos e da qual, posteriormente, seu pai havia se tornado sócio. A inadimplência dos fregueses foi tão grande que eles não conseguiram pagar a quem deviam e, por isso, fora preciso desativá-la, você sabe disso. Tiveram problemas financeiros consideráveis e eu acabei intercedendo junto a sua escola para que, ao menos naquele ano, tivesse uma bolsa de estudos, esperando que as coisas melhorassem num futuro próximo. A irmã com quem conversei e que foi muito gentil, mas da qual não me recordo agora o nome, concedeu-nos

50% de desconto. O titio arcou com o resto. Mas eu sabia que seria muito constrangedor, para não dizer injusto, que você tivesse uma bolsa de estudos, destinada a quem mais necessitava, e aparecer, de repente, com um *netbook* nas mãos. Seria constrangedor para seus pais, mas principalmente para mim, que fui requisitar uma bolsa de estudos para você.

Tudo isso poderia ter sido evitado se eu tivesse refletido melhor e procurado você para explicar-lhe toda a situação. Poderia tê-la envolvido no gesto nobre de que lhe falei, sendo também a autora dessa doação. Falhei com você, impedindo de realizar sua primeira grande e nobre ação, e falhei comigo, em meu propósito de me tornar cada vez melhor, como Jesus nos pediu: "Sede perfeitos como o vosso Pai celeste é perfeito" (Mt 5,48). Por isso, lhe peço perdão. Um ano depois, tentando reparar o irreparável, minha mãe e eu lhe demos de aniversário um *notebook*, novinho, que você mesma escolheu, vermelho, bem ao seu gosto por cores fortes e detalhes brilhantes. Você foi embora contente, mas ambos, eu e você, sabíamos no fundo do coração que aquele objeto novinho não tinha o mesmo valor. Esse não carregava a confiança que você parecia depositar em mim quando seus dedinhos tocavam as teclas do outro e, feliz com seu joguinho, ouvia, ao longe, as ondas do mar...

Será que ainda dá para recomeçar a pensarmos mais um no outro, mas não somente a partir de nossos pontos de vistas, mas também a partir da perspectiva do outro? Vamos tentar? O vovô ficaria muito feliz se conseguíssemos... na verdade, eu também!

Bjs.

Do tio Edelcio.
São Paulo, 28 de julho de 2012.

Oi, papai,

Olha eu aqui escrevendo de novo para você, ou melhor, me encontrando com você.

Sabe, já faz uns cinco dias que eu me pego utilizando, inconscientemente, a palavra "encontro". No dia em que escrevi a carta para a mamãe e a enviei para a Neide, a fim de que ela a lesse e me dissesse o seu parecer sobre o que eu estava escrevendo — concomitantemente à segunda parte de minha dissertação de mestrado —, ela me telefonou e disse: "Preciso marcar um 'encontro' com você, porque vejo passar umas coisas malucas na minha cabeça a respeito do que você está escrevendo". Não era só ela que achava tudo isso uma maluquice. Eu também comecei a achar, mas depois mudei de ideia pelas razões que já vou lhe dizer. Marcamos para quarta-feira à noite, em princípio, mas eu, depois, desmarquei, dizendo-lhe que não podia porque teria um "encontro" com meu irmão naquela noite. Ela me perguntou: "Mas ele já veio de Marília para ver seu pai?". Eu lhe disse que o "encontro" era virtual. Certo, não usei esses termos na hora, mas, ao escrever sobre isso, creio que a palavra "virtual" cai muito bem. Uma virtualidade que vai passando pela minha cabeça e que, de repente, se concretiza num amontoado de enunciados que, no fim, para minha surpresa se apresenta cheio de sentido sobre o papel (creio que é essa a razão do que pensei ser "maluquice"). Ela não entendeu nada, mas depois lhe expliquei que escreveria a carta para o Tato naquela noite. Tinha um "encontro" com ele. Reagendamos para ontem à noite, mas, furão que sou, acabei desmarcando de novo, ao lhe dizer que naquela noite teria um outro "encontro", desta vez com minha sobrinha, a Bianca, o que efetivamente aconteceu só nesta manhã, pois nenhuma criança sadia iria conversar sobre o que falei para ela naquela hora da noite. Cheguei em casa às 00h30, depois de ter feito uma visita para você, de ter celebrado uma missa de sétimo dia em memória da sogra de uma amiga minha, integrante do Grupo de Pesquisa sobre Foucault; de ter passado no *Shopping Center* e comprado dois pares de tamancos emborrachados muito em voga entre os jovens: um para a mamãe e outro para a tia Idalina, pois elas não aguentavam mais andar com os sapatos delas todos os dias até o hospital. Por fim, ainda fizemos a compra do mês que faltava para elas. Cheguei a Arujá exausto e remarquei o encontro com a Bianca para esta manhã. A minha conversa com ela foi longa e entrecortada, uma vez que, entre uma e outra parte da "carta/encontro", eu trocara algumas ideias por e-mails com a Neide a respeito do que havia escrito a sua netinha. Logo mais lhe contarei o resultado dessa reflexão.

À tarde, depois de reler a carta da Bianca e receber a correção eficiente da Fátima — minha amiga que corrige meus textos, acertando as vírgulas que não sei bem como adequar ao lado dos advérbios e que dá um estilo mais bonito a uma ou outra frase —, tomei um banho, comi alguma coisa e fui para o sofá descansar. Ah, esqueci-me de lhe dizer que coloquei o CD da Mercedes Sosa para rodar. Deixei tocar insistentemente três músicas que são especiais para mim, por tudo o que já passei ao longo destes últimos vinte anos: *"Todo Cambia"*, *"Las manos de mi madre"* e *"Gracias a la Vida"*. Você conhece bem esse CD e as três canções. Eu cantava junto com Mercedes e comia ao mesmo tempo. Aumentei o volume e, vez por outra, parava um pouco de comer para cantar bem alto um ou outro trecho de uma ou outra canção com ela e depois voltava a comer. Cantei tão alto que cheguei a pensar que os vizinhos achariam que sou doido e insensível, "pois o pai está na UTI e ele fica cantando bem alto: *Gracias a la Vida, que me há dado tanto...*". Não me importei, creio que estou ficando meio louco sim, mas partícipe de uma sábia loucura e de um saber mais leve, risonho, de uma *Gaia Ciência*. Não disseram os parentes de Jesus que ele estava ficando "fora de si"? Eu, então, estou em situação melhor do que o Mestre, uma vez que esses aí nem meus parentes são. Sabe papai, no momento, são canções que têm um significado enorme para mim. Elas têm o poder de suscitar um amontoado de lembranças que, num alto grau de emoção, mexem com o coração da gente. Mas não vou falar agora sobre essas recordações, pois, neste momento, você precisa cuidar bem do seu para não complicar as coisas, não é mesmo? O médico disse que seu estado é estável, mas o seu pulmão precisa responder melhor.

Assim, depois de ter almoçado, descansei um pouco e voltei para o computador. Olhei a caixa de e-mails: duas novas mensagens tinham acabado de chegar e se encontravam inseridas no rol de outras tantas que tinham chegado à véspera sem que eu as lesse. Sabe papai, vou lhe confessar uma coisa: não tenho aberto todos os e-mails, pois tenho certeza de que o conteúdo deles me tiraria desse retiro espiritual em que me inseri só para estar mais intimamente ligado a você e, consequentemente, ligado a mim também (desculpe-me aqui a aparente insensibilidade, mas tenho aprendido com os gregos, via Michel Foucault, que "ninguém pode cuidar do outro se não está cuidando de si"). Bem, um desses e-mails era referente à carta sobre a Bianca. Ele tinha como emitente a Neide. Nele, havia palavras doces tentando me fazer ver a carta/encontro que escrevera para a Bianca, não a partir do meu ponto de vista, mas a partir do ponto de vista dela. Em seu e-mail cheio de cuidados, Neide procurava me alertar sobre o fato de receber, enquanto menina em seus quatorze anos, uma carta densa, escrita por um tio-padre. Essas variantes tornava o conteúdo duplamente importante. Ela me dizia que eu havia me esquecido de contar um pouco da nossa história pregressa, pois senão esse encontro pareceria uma conversa "de tio ranzinza chamando atenção da sobrinha para atingir o grau da 'Família Feliz'", e era justamente isso que eu não queria fazer e nem tinha em mente quando lhe pensei em escrever. Não é que ela tinha razão? Por isso a conversa com a Bianca foi entrecortada. Ela me forçou a voltar — não ao não vivido do passado, como diz o filósofo italiano Giorgio Agamben —, mas ao presente vivido no nosso passado comum, meu e da Bianca, e que guardava tantas coisas bonitas ofuscadas pelos infortúnios do presente. Tratava-se de uma recordação passada voltada para a construção de um futuro mais promissor. Na verdade, nos momentos de dor e desespero, parece quase tabu lembrar dos momentos felizes que guardamos na lembrança. As pessoas parecem se envergonhar de se sentirem felizes na dor, como se fosse imoral! Mas é justamente isso o que deveríamos fazer, se amamos verdadeiramente a vida que nos foi ofertada como dom. Não digo da felicidade estulta daqueles que contam piadas em velórios para afugentar o espectro da morte, mas da felicidade de quem sabe ter honrado a existência. E ela é assim: alegria e dor, misturadas ao mesmo tempo. Como era sábia a visão trágica dos gregos! Falando neles, quem sabe essa reformulação da carta não seria o fio de Ariadne necessário para sair do labirinto em que me meti, em minha relação com a Bianca, pensei eu, e relembrei o dia em que eu a auxiliava na lição de casa, à mesa da cozinha, enquanto a mamãe nos preparava o jantar. Enquanto isso Tato e a mamãe diziam não entender o modo como a professora da Bianca lhe ensinava matemática!

Viu, papai, é bom ter amigos que se importam com a gente e que torcem para que as coisas deem certo conosco e, por isso, não poupam suas críticas nem agem "cheios de dedos". Como deu para perceber, minha vida é constituída de bons amigos com os quais aprendi a dar fortes e boas risadas. Durante meu período de formação no seminário, compreendi que amigo não é somente aquele que nos consola no pranto, mas aquele que sabe também rir conosco, alegrando-se com nossa felicidade. Às vezes, compartilhar as mazelas do outro nos dá certa sensação de superioridade, pois o ato de consolar esconde a dissimetria entre o que consola e o que é consolado. Creio que é por isso que Nietzsche era tão reticente em relação à piedade ou mesmo à compaixão. É preciso ser nobre para se alegrar com o outro, sem sentir uma pontinha de inveja a pinçar o coração...

Como vê, papai, não está sendo fácil! Para que uma conversa se transforme num verdadeiro encontro de almas, certo não daquelas que alguns acreditam ficar vagando por aí, mas daquelas que animam nossas vidas, são precisos tempo e delicadeza. Uma carta que traduza bem a intenção de proporcionar um encontro precisa ser lida, relida, repensada, reajustada; enfim, tudo o que deveríamos fazer ao falarmos de algo que seja significativo para alguém. Óbvio, nas conversas prosaicas que giram em torno de atividades cotidianas, ninguém vai ficar pensando: passo ou não esse bule de chá para ele(a)? Como é que vai se sentir se eu lho passar pela direita? Ou o melhor seria passá-lo pela esquerda? Será que meu "por favor" saiu no tom certo? Se fosse assim, ninguém faria nada a ninguém e seríamos todos uns inúteis. Mas há conversas em que as palavras precisam sim, como diz Manoel de Barros, "ser escovadas". Aliás, quando leio algumas das poesias dele, na coletânea *Memórias inventadas: a infância*, sinto uma leveza no coração e me lembro de seu olhar, papai, que não se parece em nada ao de um velhinho perdido, sem saber o que fazer da vida e que depende de tudo e de todos. Seu olhar é semelhante ao do *homem-criança*, a respeito do qual Jesus disse uma vez: "Se não vos converterdes e não vos tornardes como as crianças, de modo algum entrareis no Reino dos Céus" (Mt 18,3). Essa arte, no entanto, é para poucos. Ela é reservada aos raros, não porque Deus é malvado e faz as coisas sem explicação, escolhendo uns para o seu Reino e outros não, como na doutrina da predestinação; mas porque para se gozar logo da presença da festa, a gente precisa se vestir bem bonito, ter a roupagem existencial adequada para a situação; é necessário revestir-se do *devir-criança*. Bem, é verdade que no final, como diz o profeta Jonas, ele é tão bom que acabam entrando em seu Reino também os outros. Porém, essa entrada não se dá sem conversão (*metanoia*), sem que esses mesmos se "deem" um jeito. Afinal, resta sempre um pouco de bom senso e de brio, quando estamos num lugar em que a transparência é regra geral. O pouco de sensatez e de pudor sempre emerge quando estamos desnudos ante os outros!

É surpreendente que, até mesmo os pensadores mais críticos do cristianismo, falaram desse *devir-criança*. Nietzsche foi um deles. Em seu livro mais poético, recheado de metáforas contendo o mais profundo do seu pensamento, ele narra a respeito das três transformações pelas quais passa o espírito humano. Em primeiro lugar, a passagem ao ser camelo. Em segundo lugar, da passagem de camelo servil, que diz sempre "sim" a tudo e não sabe dizer não, a um leão que aprendeu a dizer não, mas que, por fazê-lo reativamente, ainda não atingiu o estado superior. Mas já é um passo. Na verdade, a condição leonina é inclinada a transformar os outros em novos camelos. Porém, o mais importante é o que está "porvir": um *devir-criança* — escrevi "por vir" daquela forma para associar o sentido à forma, uma vez que assim a preposição e o verbo são aglutinados para indicar o meio e a ação. Esse *devir-criança* é o nascedouro de um modo de ser sem ressentimentos, sem culpabilidades, que irrompe inocente diante da vida, dizendo-lhe primeiramente "sim" só para depois lhe dizer "não"! É o "sim" afirmativo que antecede o "não" necessário aos outros modos de ser que não nos permitem atingir um estado de leveza em relação à vida, a ponto de saber brincar e se alegrar com ela, mesmo nos momentos de intensa dor (*amor fati*). Esse é um "não" dado por consequência, sem ser ato primordial.

Eu lia sobre isso e entendia um pouco disso, mas a experiência que você me proporcionou, papai, me fez "experimentar" isso na carne. Coloco o verbo experimentar entre aspas, pois me recordo de sua aplicação na redação do evangelho narrado por João. Em várias passagens desse evangelho, notamos a aplicação do verbo grego *pistéo* ao expressar a necessidade de se "acreditar" de um modo mais existencial, de se fazer um experimento do modo de ser na verdade de Jesus. Pois bem, nesses dias em que me vi a seu lado na UTI, eu pude contemplar tudo isso. Nesse seu leito de hospital você vive o seu "sim", num *devir-criança* esgotando-se até morrer...

Por incrível que pareça, papai, hesitei em escrever esse verbo. Por três vezes, sobre o resto branco do papel, eu ensaiei a digitação. Primeiramente, escrevi: *mor...* e, em seguida, apaguei as três letras da palavra com a mesma força que antes me faltara para completá-la. Tentei uma segunda vez, sem êxito. Parei um pouco, refleti e depois disse a mim mesmo: "Mas, um dia, não vamos todos *morrer?*". Imediatamente, a palavra engolida correu pelas veias, irrompeu pelos poros, escorregou de meus dedos e por meio do teclado, não sem um aperto no coração, fixou-se no papel.

Bem, papai, voltemos à parte que lhe escrevia antes. Por mais que eu tente, sobretudo em minhas homilias dominicais, nunca consigo evitar os parênteses em minhas reflexões. Ainda bem que estas estão no papel e, assim, você pode voltar ao elo anterior, caso não se lembre mais do que disse anteriormente. Pois bem, eu falava do meu almoço, entrecortado pelo duo que fazia com a Mercedes Sosa. Só sei que depois desse almoço com essa dama da música argentina, deitei-me um pouco na rede com o livro das *Confissões de*

Santo Agostinho em mãos, para ler a passagem sobre o amigo e acabei cochilando. Ah! Um lembrete: o livro das *Confissões de Santo Agostinho* não tem nada a ver com estas cartas, não. Por meio delas, não estou confessando nada para ninguém, nem para Deus, que já sabe tudo de mim. Estudei o suficiente para não ser presa da *vontade de saber*, como forma de falar a verdade de si para que o outro tenha poder sobre nós. Foucault diz que quem inventou essa técnica fomos nós, os padres, ao exercermos o *poder pastoral* sobre a consciência dos fiéis, ao lançarmos mão, dentre outras coisas, do *dispositivo da confissão* (na verdade, quem disse isso primeiro foi Nietzsche, pelo que estudei, mas não dá, pai, no estado que o senhor se encontra, para eu lhe explicar o que venha a ser *dispositivo de poder*... Isso só agravaria sua situação!). Pois bem, o senhor acha, conhecendo-me bem como me conhece, que eu cairia na armadilha que nós mesmos preparamos ao longo de toda a história? Aliás, tomei um antídoto chamado *Assim falou Zaratustra* e me vacinei contra qualquer culpabilidade estéril, passiva ao exercício de dominação. Bem, mas não vou falar sobre isso com você, que está com tanta dificuldade para respirar, se nem mesmo os membros da Igreja, que têm os pulmões sadios, suportam escutar.

Acordei com as lambidas da Mel no meu rosto e o Thor ao lado dela. Para quem não sabe – acho que é melhor, "não é papai?" –, dizer que são dois labradores. Aliás, eles me fizeram sentir que estão torcendo por você. Não acredito que rezem, por ser uma atividade muito elevada para eles; mas tenho certeza de que estão abanando o rabo como sinal de retribuição por todas as vezes que eu vinha para cá e você me dizia: "Mande lembranças pro Thor e pra Mel!". Sei que eles sentem falta de você, e certamente de mim, que lhes dou de comer quase todos os dias em que me encontro aqui;

nos outros, quem lhes dá de comer é a Sandra. Sei que depois que as aulas se iniciarem, será mais difícil estar aqui com eles. O Thor fica quietinho, mas a Mel é inquieta, um tanto estressada. Será que aprendeu isso de mim, dos últimos anos antes de tomar mais cuidado de mim? Destarte, inspirei-me na pedagogia educacional do vovô Camilo e pus os dois para fora, para um não rir do outro! Não era assim o senso de justiça do pai da mamãe? Por ter sete filhos, quando um fazia arte, todos apanhavam, com ou sem razão, assim aprendiam uns a cuidar dos outros, pois se um fizesse uma arte, a punição seria para todos. Creio que como ele era bonzinho e não queria mal a ninguém, sua técnica acabava resvalando mais em "cuidado de si em nível social", do que em sociedade de controle. Acabei de inventar essa noção: "Cuidado de si em nível social" e creio que, por causa dela, Foucault acabou de se revirar no túmulo. Mas será mesmo? Talvez não, pois ele pedia para que seu pensamento e suas palavras fossem dobradas e servissem de instrumento para novas invenções...

Enfim, depois de ter posto o Thor e a Mel na garagem, resolvi correr, como tenho feito agora com certa regularidade. Neste tempo em que o senhor está no hospital, comecei a agregar corrida à oração, meditação e estruturação dos meus pensamentos. Tudo junto. Vou pensando como será o próximo encontro e com quem; como escreverei certa parte da dissertação; como estará o seu estado de sua saúde amanhã de manhã; como explicarei para a mamãe o que é um exercício de fisioterapia pulmonar; e assim vou agradecendo a Deus pela força que está dando a todos nós. Agradeço-lhe também pelos meus amigos das instituições universitárias em que trabalho, que foram compreensivos e me deram este tempo de encontro comigo também. Ah, não posso esquecer o Pe. Marcelo, a quem eu presto auxílio pastoral nos finais de semana, verdadeiro irmão, não só na fé, mas que, de tão semelhante a mim em aparência, dizem sermos gêmeos, embora ele insista em dizer que é meu filho, só para se sentir mais jovem! Na verdade, este é um dos que, pelo evangelho, se tornaram verdadeiramente irmãos. Depois lhe falarei de seus outros filhos de adoção.

Dessa forma, tento concatenar tudo o que está girando em minha cabeça durante estas duas últimas semanas. Aproveito também a ocasião para perder aqueles "pneuzinhos" que teimam em sair para fora das calças há 38 anos. O pior é que a imagem que via no espelho, aos meus 12 anos, às vezes volta à minha cabeça. Graças a Deus, não contraí nenhuma anorexia, como dá para ver, nem mesmo bulimia. Aliás, não estou pondo para fora o que comi, como que para emagrecer, mas sinto que perderei alguns quilos do mesmo jeito, já que o que estou sentindo, neste momento, está me impedindo de comer. Sinto que tenho tanta coisa se mexendo em meu interior, no meu estômago, no intestino, nas veias e no coração, que preciso mais é retirar algo dentro de mim do que propriamente colocar para dentro. Percebo que até estou esquecendo de comer. Hoje, como lhe disse, depois do café da manhã, às nove horas, só fui almoçar por volta das 17h. Sinto que o meu corpo inteiro está, como diz a canção, fazendo um turbilhão de sensações dentro de mim. Há algo que me mantém grudado a esta cadeira...

Tirei quinze dias de férias e me dediquei a estes encontros. Mamãe foi muito compreensiva, quando lhe disse que precisávamos revezar as idas ao hospital, pois eu tinha que trabalhar na dissertação de mestrado e preparar as aulas do próximo semestre, celebrar etc. Ah, o Manzatto vai me estrangular, pois em vez de terminar uma parte da dissertação, eis que estou a escrever outro texto, que mais parece um livro! Mas tenho certeza de que irá compreender e até gostar; afinal, ele trabalha com Teologia e Literatura e, pelo que aprendi a ver e conhecer, é um teólogo contemporâneo! Assim, seguindo o combinado, a mamãe e a tia Idalina acabaram por decidir ir ao hospital todos os dias à tarde. Pela manhã, é difícil, pois a distância é longa e a visita dura somente meia hora. Tive que conversar insistentemente com a mamãe para que ela não se aborrecesse com quem disse que "é preciso ir a todas as visitas". Mas quem disse não se prontificou a ir a todos os horários em que ela não foi! Sei que não falou por mal e é por isso que precisamos tomar cuidado com a utilização das palavras! Por isso que eu penso que viver "em família biológica" não é fácil! Além de mamãe estar ao seu lado, com todo o cansaço que isso lhe dá, embora ela o faça sem reclamar, desde o momento em que você caiu e teve que passar pela cirurgia, não era preciso aumentar a carga de estresse lhe agregando culpabilidade no coração. Por isso eu abomino aqueles adesivos atrás dos carros, denominados *Família feliz*. Todos de mãos dadas, bonitinhos, numa harmonia hipócrita. Se Jesus fosse obrigado a andar com esse adesivo nas costas – como se fosse um artigo da lei mosaica –, e uma vez que ele não tinha carro, ele não só continuaria a colher as espigas em dia de sábado, como, certamente, o recortaria e sairia com um buraco nas costas da túnica, em forma de retângulo. E eu aposto que, do jeito que era famoso, certamente lançaria a moda em toda a Palestina, para escândalo dos escribas e dos doutores da lei! Não tenho dúvida de que ele interceptaria essa ideologia "burguesa" da *Família feliz*, como dizia Marx e Engels (sei que o adjetivo "burguesa" é anacrônico, mas no momento não encontrei outro melhor!). Sabe, papai, esse tipo de retrato aparente de família feliz só impede que a gente cuide mais uns dos outros. Fica-se escravo dos modelos fixados de família e descura-se do cuidado de si e do cuidado dos outros. Foucault foi genial em recuperar esse modelo arcaico do *cuidado de si* num pensamento tão atual; por isso, como diz Agamben, ele é tão contemporâneo.

Mas falei tanto, como de costume, que até me esqueci de lhe dizer o mais importante. Enquanto estava correndo, pensando em tudo isso, de repente me bateu um medo intenso; eu diria mesmo que foi um certo desespero de perdê--lo que se apoderou de mim; desespero em ver você partir, por duas razões: a primeira, a mais óbvia: não ter mais você fisicamente perto de mim; mas a segunda, e que me criou uma convulsão, foi a percepção de que, no momento de sua partida, toda essa inspiração partisse junto com você! De repente, eu me vi correndo mais depressa para casa, fazendo o mesmo percurso sem sentir. Queria voltar rápido e escrever sobre esse desespero e a cena que veio até mim. Tive medo. Senti um arrepio na espinha e minha camiseta começou a ficar ensopada, embora não fizesse calor. Lembrei-me de você, dias atrás, respirando de lado, ofegantemente, e com a cabeça apoiada no travesseiro, com minha cabeça próxima à sua. Fiz isso várias vezes, dizendo-lhe: "Eu te amo, papai!". Mas o fato é que, enquanto corria, eu me via no ato mesmo de me aproximar bem pertinho de você, quase como se estivéssemos um olhando para o outro, de forma que nossas bocas estavam quase na mesma direção. Era como se, de repente, eu me visse voltando àquele momento, mas fora de mim a nos observar. Eu revi a mamãe estando ao lado, um tanto triste por vê-lo respirar ofegante daquele jeito; mas, o mais impressionante, é que eu me vi colhendo com minha boca seu ar. Era como se houvesse uma comunicação de espírito passando do seu interior para mim. Seus olhos estavam marejados de lágrimas. Cada vez que eu lhe falava que o amava, você apertava os olhos e continuava a respirar mais forte e eu colhia aquele sopro dentro de mim. "Meu Deus, o que é isso?", pensei ao correr e ao rever aquelas imagens se passando em minha mente e se materializando diante de meus olhos. "E se ele morrer, será que tudo isso irá junto com ele?", pensava eu. Continuava a correr e meditava se isso era egoísmo, por não querer que você morresse e, com você, morresse a fonte de inspiração que jorrava em mim e que se materializava nestes textos fora de mim. "Serei eu tão egoísta assim?", pensava. Lembrei-me, então, de um certo texto sobre a amizade, não sei se de Aristóteles ou de Foucault, pois embaralho agora as fontes de tantos textos que li ultimamente; mas isso não importa. O que importa é a ideia. Pensava assim: "Não, não é egoísmo!". Não sei qual deles disse que, até mesmo na amizade, se ama o amigo pelo bem que ele nos causa, pela felicidade que ele nos proporciona. Num certo sentido, a amizade tem um certo grau de utilidade, mas não é uma relação utilitarista. Meu coração se aliviou um pouco. O que sei é que eu tive medo de perdê-lo e, consequentemente, perder a inspiração que você vem despejando, a partir de seus fracos pulmões, em mim. Eu me vi sorvendo insaciavelmente o que saía de sua boca. Corri, corri, desesperadamente como lhe falei, e, transpirando, entrei em casa, tirei toda a roupa encharcada de suor. Corri para o banheiro, a fim de tomar logo uma ducha, para escrever o que se passava dentro de mim. Foi aí que, ao pensar na necessidade de ter um "encontro" com você, naquele instante, ao puxar a água do banho, eu me lembrei de Espinoza, do bendito (*Baruch*) Espinoza e sua teoria dos bons e maus encontros... Algo calou forte dentro de mim: estou vivendo o momento de propiciar bons encontros, pensei eu. O tempo dos maus encontros já passou! Papai está me ensinando a superá-lo. Bendito seja Espinoza e, acima dele, bendito seja Deus, que me proporcionou essa experiência maravilhosa:

> "Agora, soberano Senhor, podes despedir em paz teu servo, segundo a tua palavra; porque meus olhos viram tua salvação, que preparaste em face de todos os povos, luz para iluminar as nações e glória de Israel teu povo" (Lc 2,29-32).

Essas palavras do velho Simeão, no dia da apresentação do Senhor, certamente vão me inspirar para a realização do próximo encontro. Esse já está marcado e é com minha cunhada! E você, papai, reze por mim...

EDELCIO
São Paulo, 29 de julho de 2012 (0h50).

Oi, papai,

Foi bom vê-lo na UTI. Por isso, cancelei o encontro com a Rosana e marquei um novo encontro com você. Bem, eu já lhe havia falado, mas você estava um pouco sonolento hoje, embora tenha me deixado bastante animado. Num momento de lucidez, você abriu os olhos, encenou um sorriso, apertou minha mão, mas logo voltou a dormir. Compreendo, é estressante o ambiente da UTI. O "estado dele é estável", diz sempre a médica com um sorriso amarelo. Essa visita de praxe é tão esperada quanto frustrante. Os médicos poderiam fazer um curso de expressão na faculdade, não acha? Sempre os mesmos gestos, sempre as mesmas palavras. Bem, não posso generalizar, mas a médica que passa a visita na UTI é um pouco assim. Disseram que lhe fizeram uma tomografia, pois você não para de olhar para o vazio, mas não deu nada, não. Às vezes, penso que esse vazio seja o vazio da criação que você passou para mim. Segundo a Neide, Hegel falou que o momento criador acontece quando nos deparamos com o vazio. Vai ver que ao expirar todo seu ar, você tenha criado um vazio dentro de você e, num acesso de tosse, o tenha expelido para fora e agora fica olhando para ele, indicando-me o caminho da criação, que é muito novo para mim. Às vezes, começo a escrever não sei o quê, sem saber como terminará e sem esperança de que alguém o lerá, não importa! Talvez, o mais importante é que, ao escrever, vou mostrando a mim e a você as nossas vidas. Conhecendo-me conheço mais a você e você passa a se conhecer melhor através de mim. Não é maravilhoso isso, papai?

Olhei seus braços e fiquei preocupado, pois estão bem inchados e a pele fininha apresenta-se com uma aparente formação de bolhas. Espero que não estourem. Não se movimente tanto, não! Você estava um pouco agitado... Eu o abracei, mas não como eu queria, pois a posição dos tubos respiratórios impedia que sua cabeça viesse até mim, por isso não o beijei, apenas beijei a palma de minha mão e a coloquei sobre sua testa.

Papai, tenho tanta coisa para conversar com você, que eu não vou me demorar muito, senão pegarei um trânsito danado e não vou chegar a tempo para nosso encontro. A vontade de falar com você é tanta que não vejo a hora de nos encontrarmos e conversarmos bastante. Aqui não dá! É muito barulho. Além do mais, por alguma razão que não entendo, você não me responde e fica só olhando para esse vazio. Então é melhor irmos lá para casa, assim a gente conversa e ao mesmo tempo eu crio a partir desse vazio. Deixe seu corpo quietinho aí e venha com todo seu espírito. Não que eu seja dualista, pensando em cindi-lo, em corpo e alma, separando um do outro. É que seu espírito traz para mim todo seu corpo, assim como seu corpo exalou aqui na cama todo seu espírito para mim, permanecendo, no entanto, ao mesmo tempo em você. Acredito que, na ressurreição, sua corporeidade existencial permanecerá unida a seu espírito; e se, como disse São Paulo, é o amor que permanece, seja corpo, seja espírito, uma vez que não concebo essas duas realidades separadas, amando-o posso marcar um encontro com seu espírito na certeza de que seu corpo estará em Arujá, estando também aqui no hospital. Creio que somente nessa dimensão podemos com um mesmo corpo ocupar dois espaços diferentes. Veja como o amor que nos une muda todas as leis da física e nos remete a um *mundo surreal*! Assim, deixei-o no hospital, para vir correndo de carro encontrá-lo em casa. Falei-lhe assim: "Papai, tenho que ir, pois tenho um encontro marcado com você! Desmarquei, portanto, o encontro que teria nesta noite com a Rosana por causa de nosso encontro em Arujá. Ela, sem entender, entendeu!".

Eu acho que estou ficando doido mesmo. Sabe essa nossa experiência de você soprar seu ar dentro da minha boca? Você acredita que eu a contei na Igreja durante a homilia, ontem? Não, não se espante, vou colocá-la no contexto, uma vez que não participou da missa. Bem sei, na UTI não dá para celebrar nem você estaria com ânimo para me ouvir falar por quase quinze minutos, não é mesmo? Porém, as leituras falavam da partilha dos pães no Livro dos Reis, feita por Eliseu, e o Evangelho falava da partilha dos pães realizada por Jesus. Esforcei-me para fazer uma boa articulação teológica sobre como Eliseu e Jesus operaram maravilhas, a partir do pouco que tinham nas mãos; liguei os fatos ao tema da partilha, falando que há transbordamento e há vida quando se coloca em comum o pouco que se tem. Notei no semblante das pessoas que elas gostaram da argumentação, mas me olhavam com o rosto de *déjà vu*, quer dizer, "nada há nada de novo sob o sol", como diz o livro do Eclesiastes (Ecl 1,10). Porém, para melhor ilustrar aquela reflexão, falei de toda a cena de você no leito, respirando ofegante e eu "sorvendo insaciavelmente o ar que saía de sua boca"; falei de que seu ar era tão fraquinho, mas que tinha sido capaz de fazer irromper de dentro de mim algo grandioso, com poder de criação. Ah, um parêntese: hoje, na faculdade, ao me dizerem que eu estava com uma boa aparência, eu lhes respondi, sim estou bem e nunca escrevi tanto como agora. Uma professora acrescentou: "Ah, é fuga, né?". E eu, sem mesmo pensar, lhe disse: "Não, é VIDA!".

Foi essa vida que irrompeu na missa depois de minha homilia. Os olhos das pessoas estavam abertos e voltados para mim; percebi que alguns tinham o queixo caído. Como que, de repente, tudo o que antes parecia nebuloso, teórico, sem nenhuma dimensão existencial, encheu-se de sentido para eles. Esgotado em mim, eu nunca cantei tão forte como ontem. Enquanto a assembleia cantava o "Cordeiro de Deus", eu olhava para a hóstia consagrada e agradecia ao Cristo Eucarístico por tudo aquilo que estava acontecendo comigo, em silêncio, como que em transe. E você sabe o quanto sou reticente quanto a essas induções de estado de consciência que se espalham por aí, sem, às vezes, ter-se o mínimo de noção do que isso significa. Mas isso é um assunto para quando o senhor estiver melhor...

Ao final da missa, uma moça veio me abraçar, porque era a missa de sétimo dia do pai dela e ele havia morrido por causa de uma pneumonia – ops, pai, desculpe-me, isso é uma fatalidade que pode acontecer com qualquer um, não é mesmo? Não é por que você pegou uma pneumonia bem forte que isso vai acontecer agora com você! O que é isso, Kiko? Força! Onde está o Chico italiano guerreiro? – Bem, o que quis dizer com tudo isso é que houve identificação com o que eu havia falado para a assembleia e o que ela sentiu. É uma questão de carne e eu a consolei porque sabia como devia estar sangrando seu coração. Só sei que partilhei essa experiência com toda a comunidade, sem pudor. Muitos me vieram dizer que estavam rezando por sua recuperação. Inclusive o Miguel, que fez uma doação de sangue e conseguiu uma pessoa de lá mesmo para repor a bolsa que foi doada a você! Bacana, não?

Mas o melhor mesmo foi ter lido toda a carta que escrevi para D. Zenaide. Ela é aquela senhora da Paróquia São Paulo que regularmente, em todos os sábados, me acorda às 8h da manhã para saber como estou e como estão todos vocês. Há anos que essa cena se repete. Pois bem, ontem eu tive que passar na casa dela antes de vê-lo no hospital. Ela fica chorosa quando não vou vê-la e passo mais de um mês sem ir até lá. Não é fácil ter 85 anos, morar sozinha e ver toda a família morando nos EUA: filha, genro, netos, bisnetos. Pois bem, você não sabe a alegria que eu lhe causei lendo, ao lado dela no sofá, a carta que lhe escrevi. Ela num canapé à minha direita e eu no outro à sua esquerda, como que numa posição de quando ouço a confissão. Naquele dia, eu é que estava confessando para ela. Creio que não fui indiscreto – não é, papai? –, uma vez que a experiência foi minha, ainda que você a tenha me proporcionado. Mas não é verdade que, quando algo é transbordante, ele nos torna generosos e a gente quer, alegremente, contar logo o que nos aconteceu a todo mundo que nos quer bem? Não foi assim que se sentiu a Samaritana depois de sua experiência com Jesus? (cf. Jo 4,28-29). Assim, além da emoção que sentiu quando lhe narrei a cena, em que estávamos com as cabeças juntinhas no travesseiro, o que a fez quase chorar, o que ela mais gostou e que lhe proporcionou uma alegria imensa foi o trecho em que narrava o fato de ter colocado o Thor e a Mel na garagem para um não rir do outro. Num sotaque caipira, pois creio que ela é de Piracicaba, ela disse assim para mim: "*Iguarzinho* ao que meu pai fazia com a gente, na roça!". E puxando um dos joelhos com as duas mãos para si, se matou de rir... Fiquei lá meia hora. Disse-lhe que aquilo era o que de mais precioso eu tinha para lhe dar; muito mais precioso que o vasinho de flores que lhe ofertei ao chegar e

que, certamente, depois, ela iria plantar no seu canteirinho, junto com as outras florzinhas que ofertei numa ou noutra ocasião (acho que durante todos esses anos só foram uns cinco ou seis, mas não é que as florzinhas se multiplicaram!). Ao se despedir de mim, seu sorriso vinhas nas orelhas, como uma criança que ganhou um presente querido do pai. E aí eu pensei: "Puxa, como é preciso tão pouco para fazer alguém feliz!". E fui embora, encontrá-lo no hospital.

**

Hoje não tive a mesma alegria de ontem. Certas cartas que enviei por e-mail a algumas de minhas amigas começaram a gerar confusão. Quis partilhar um pouco do que estava fazendo e queria saber a impressão que causava aquilo que estava escrevendo, pois era tudo muito novo para mim. Creio que meus últimos textos, tanto em filosofia como em teologia, são mais bem escritos que os primeiros, com algumas ideias originais; mas é verdade que nos prendem um pouco, pois a toda hora temos que citar as fontes, articular bem o pensamento, não deixar margem para dúvidas argumentativas e possibilidade de contradição. Enfim, tudo o que pede a academia e que, às vezes, travam nossos sentimentos e enquadram nossa inspiração. Talvez por isso esteja escrevendo essas cartas no momento em que trato da *verdade*. Hoje, pensei comigo mesmo: "Iniciei estas cartas concomitantemente à parte da dissertação reservada à verdade e ao *ser verdadeiro* (veraz). Assim, não estaria eu também em busca da *verdade* de mim, do 'conhece-te a ti mesmo' socrático?".

Porém, começo a ter consciência de que o fato de escrever livremente despontou quando me deparei diante desse vazio, papai, que é a possibilidade de sua morte e, consequentemente, de minha morte. Assim, esse vazio da sua/minha morte pediu-me espaço para a criação. "'Ser para a morte'", diz Heidegger. Diante de uma consciência efetiva de finitude, então traçamos uma possibilidade para o nosso ser e nos projetamos na direção de um futuro do qual, em certa parte, nós somos os responsáveis. Fiz tantas homilias em missa de sétimo dia baseadas nesse argumento: a morte como elemento pedagógico de nossa existência. Se ela não se apresentasse, certamente reportaríamos ao infinito o que devemos ser, ou no que iremos nos tornar. Nunca decidiríamos pela formação de nosso *éthos* (caráter); por isso, o ser para a morte é o tempo da ética também.

Mas tão logo surgiram os primeiros indícios de livre criação, começaram também a chegar as respostas. Sobre elas nós conversaremos amanhã, pois hoje já estou muito cansado. Vamos dormir? Boa-noite!

Edelcio
São Paulo, 30 de julho de 2012.

Oi, papai,

Foi bom voltar para sua casa? Pode entrar e sente-se aí no sofá e vamos continuar a conversa. "Que horas são?" Sei lá, há pouco eu vi no relógio e eram duas da manhã. Escovei os dentes e vim para cá na sala. Peguei sua cobertinha xadrez e a pus nas costas. Sei que o senhor não precisa mais dela, pois seu corpo já se acostumou ao frio da UTI; além do que, *espírito corporalizado* não sente frio, não é mesmo? Foi isso o que percebi ali, onde você está hospedado já faz mais de quarenta dias, pois as janelas ficam sempre meio abertas para a ventilação e, assim, não se acumula muitas bactérias naquele espaço e, com isso, os médicos o preservam, assim como a seus companheiros de quarto, de "novas intercorrências" – é marcante como eles gostam de usar palavras pomposas e eufemismos que nos fazem olhar para eles com cara de bobos. Mas, nesse ponto, eles estão cobertos de razão: você não pode alterar seu quadro atual que, segundo eles, "permanece estável" há mais de quinze dias. É melhor assim, para não piorar sua situação, e é em função disso que às vezes você está só de camisola e com um lençolzinho sobre o corpo. A mamãe não se acostuma em vê-lo assim, mas já lhe expliquei que é para que você e os outros pacientes não venham a contrair uma nova infecção. "A UTI deve ficar sempre mais fria que os outros lugares do hospital", dizem os enfermeiros aos visitantes desavisados, que vêm pela primeira vez visitar os novos companheiros de quarto.

Oh, pai, quanto entra e sai, e o senhor ainda continua lá? Veja se melhora o pulmão, pois me dá muito trabalho carregar a corporeidade do seu espírito escondido da mamãe! O dia em que ela souber dela, tudo bem. Não cansa andar com você, cansa é ficar escondendo tudo isso dela. Já tentei lhe contar que você anda comigo; até lhe narrei a passagem de seu espírito entrando pela minha boca, mas ela me olhou com aquele olhar dos parentes de Jesus; sabe aquele que lança a mão de eufemismo e diz: "Ele está fora de si"? Já decidi, não vou falar mais dessa história para ela. Há sempre uma hora em que isso se dá por si só. Ainda bem que isso já aconteceu comigo, não é, papai? E foi você que me ajudou nisso! Você não para de me ensinar, não é mesmo, papai?

Ei, estava boa a cama? É bom variar de leito, não é? Você deve estar mais descansado que eu, pois, enquanto eu fiquei na sala da frente lendo as cartas para a mamãe, você se enfiou embaixo dos lençóis e adormeceu. Que bom o seu truque de ficar todo quietinho e não falar nem com ela nem com a titia na visita de ontem à tarde à UTI. Elas nem perceberam que seu *espírito corporalizado* não estava lá e que passou esses dois dias comigo, andando de lá para cá.

Pois é, a Rosana me falou que não vai mais remarcar os encontros comigo, uma vez que sou muito furão e estou me deixando levar muito pelo coração e que, nesses tempos difíceis, é melhor usar a razão (foi assim que eu conversei com o espectro dela, propondo-lhe um novo encontro, ainda que, na realidade, dele ela nada saiba). Falei-lhe que a razão eu usei demais até agora e como eu só quero bons encontros daqui para a frente, não vou discutir com ela não. Nesse caso, vou me deixar levar pelos sentimentos. Então nós combinamos o seguinte: quando nosso encontro estiver realmente para acontecer, ela desmarca os compromissos dela e vem falar comigo. É melhor ela furar uma só vez com alguém do que eu furar quatro vezes com ela. Ela me disse que novos e bons encontros não podem começar assim! Poxa, dessa vez ela foi mesmo camarada e me compreendeu. Acho que as conversas com seu espectro podem nos ajudar a termos melhores encontros em "carne e osso".

Foi bom sair um pouco daquela UTI, não foi, papai? Você pôde dormir um dia comigo em Arujá; reviu o Thor e a Mel, dos quais você tinha saudade, e andou de carro, coisa de que você gosta tanto! Deu para ver que a minha vida é puxada, não é? Você nunca tinha me acompanhado nessas jornadas. Pelo seu semblante parece que está achando que andar comigo em espírito corporalizado é bem melhor – se eu estiver enganado, então abra os olhos de seu corpo espiritualizado, veja se respira melhor e volte inteiro para casa. Mas, de minha parte, deu para perceber que nessa andança espiritual você não se cansa, ninguém o vê, nem mesmo as câmeras que estão espalhadas por toda a cidade. Você encontrou uma bela maneira de sair da sociedade de controle institucionalizada em que estamos nos instalando. Pena que carro não tem espírito. Se tivesse, eu poderia me livrar das multas na estrada por andar, às vezes, um pouco acima da velocidade. Nem a copiloto, aquele aparelho-mulher que me avisa a toda hora dos radares, tem-me ajudado. Coitada, também não tem culpa. Eu abaixo o volume dela, quando fala demais, mas ela não sabe levantar a voz sozinha, mesmo quando está querendo me ajudar. Qualquer dia a coitada vai estourar de raiva de tanto querer falar sem poder. Um pouco assim como o senhor, quando quer se fazer entender, mas ninguém o escuta porque abaixaram a sua voz depois de extirparem seu câncer. Aqui para nós, não é, pai, você está em desvantagem em relação a ela, pois o reduzir a voz dela é ocasional e o seu, permanente! Ops, foi mal, pela sua expressão, não gostou da piada!

Mas, voltando ao que interessa: foi legal ter ido conhecer o Campus Monte Alegre e depois o Campus Santana da PUCSP, não foi? Conheceu a sala do quinto ano. Dei aula para a maioria dois anos atrás. Creio que até gostaram de minha aula inaugural. Cá entre nós, o esquema já estava todo pronto na minha cabeça, nem precisei olhar para o papel, pois o conteúdo deste semestre para aquela disciplina coincide com o esquema da dissertação.

Ei, não tosse, não, senão a mamãe e a titia vão perceber que sua presença em espírito está aqui e vai estragar tudo. Quando for, pela manhã, à Vila Mariana, no caminho eu o deixo no hospital; assim, na visita da tarde, você estará lá em sua cama usual "bonitinho da silva". Veja se desta vez você não fica olhando para o vazio de novo, porque não vai adiantar nada. Mamãe, além de não estar escutando muito bem, não gosta de ficar olhando para o nada. Ainda que ontem, ao ler alguns trechos das outras cartas para ela, tentei lhe explicar a teoria de Hegel sobre o vazio. Ela preferiu prestar mais atenção nos outros trechos falando da Bianca e de nossa viagem a Florianópolis, que isso ela conhece bem. E não é que ela tem razão? Se nem eu, por saber disso de segunda mão, não aprendi profundamente, como é que ela vai aprender de terceira mão? Mamãe é a sabedoria prática personalizada!

Bem, mas a razão de nossa conversa desta madrugada — sim, pois o computador me diz que são três horas – é mais séria. Fiz toda essa brincadeira para preparar seu espírito — e não é que a expressão se tornou duas vezes aplicável: falar para o espírito para preparar o espírito? Desculpe-me, mas eu tenho mesmo essa mania de pensar sobre pensamentos. Isso torna as coisas muito complicadas para quem me ouve ou lê! Voltemos então à seriedade da conversa que se arrasta há três dias. Mas creio que, de tão delicada, eu acabei retardando-a de propósito. É como naqueles momentos de resistência na terapia em que a gente acaba gastando dinheiro à toa, indo a três ou quatro seções, quando ao final vamos ter que tocar mesmo naquela ferida! Para o bolso e para a cabeça, o melhor é ir direto ao assunto. Então, vamos lá!

Essa história de eu estar enviando algumas cartas para saber a opinião do que estou escrevendo, pois na verdade me sentia inseguro quanto ao seu valor, causou-me alguns problemas. De nada valeram os anos em que, na Bélgica, eu lia trechos da primeira carta de Rilke ao jovem poeta antes de começar a redigir os capítulos da minha tese doutoral.

Uma terapeuta me ensinou este exercício, que eu aplicava diante da folha de papel em branco: em pé, diante da escrivaninha sobre a qual repousava meu computador, eu lia essa primeira carta como se fosse um mantra, uma oração, pois tremia diante da folha em branco, como um prisioneiro condenado à câmara de gás. Sabe, pai, fui perdendo esse medo aos poucos; mas, agora, depois de nossa experiência na UTI, ele desapareceu completamente. Não sou eu que temo a folha em branco, mas creio que é ela que tem medo de mim. Quando chego perto da escrivaninha, o maço de papel até estremece, mas já falei para ele que a função dele é estar ali e que ele pode colocar as folhinhas em fileira. Elas têm que obedecer, uma a uma, e pronto! É função de cada uma entrar na engrenagem da impressora e estampar o que lhes foi pedido sem choro nem vela! Se chorar, é pior (Ah, veio-me agora à lembrança que alguns movimentos espirituais agem da mesma forma: querem ver seus membros todos enfileirados, prontos para entrar no rol das engrenagens, sobre os quais veremos impressa uma mesma figura, sem nenhum matiz de singularidade). Desculpe-me desviar do assunto. Ah, essa minha mania de pensar sobre pensamentos!

Pois bem, voltando a Rilke, acho melhor deixar que ele fale, já que é poeta reconhecido e sabe se expressar melhor do que eu:

> A nada é tão pouco permitido tocar uma Obra de Arte do que as palavras da crítica: chega-se quase sempre por aí a mal-entendidos mais ou menos felizes. [...] O senhor pergunta se seus versos são bons. Pergunta a mim. Já o perguntou a outros [...]. E então, (já que o senhor me autorizou a aconselhá-lo) eu lhe peço de renunciar a tudo isso. Olha para fora, e é precisamente o que você não deveria fazer hoje.[16]

Pois é, tantos anos lendo e proclamando em alta voz esses conselhos para mim e eu fiz justamente o contrário. O espectro que perseguiu a Paulo continua a me perseguir de novo, agora em outro contexto: "Realmente não consigo entender o que faço, pois não pratico o que quero, mas faço o que detesto" (Rm 7,15). Não segui, nesse momento, o conselho de Rilke. Mas, como lhe disse, como tudo aquilo era muito novo, precisava me ver pelo olhar de algumas pessoas, como uma amostragem diversificada, para saber se o produto é bom, se agrada a crianças, jovens, adultos, velhinhos e simples, como a D. Zenaide, e não tão simples e de mais idade como o Pe. Manzatto! Oi, pai, essa foi só para provocar o Manzatto. É uma pessoa bacana e vai entender a brincadeira. Mas quem mandou ele ficar com os cabelos branquinhos tão jovem? Os meus, pelo menos, não dá para ver, uma vez que se desprenderam quase que completamente de mim!

Mas veja, em seguida, em que vespeiro eu me coloquei. Pego só um exemplo, pois pedi autorização à Fátima para fazê-lo. Longe de mim citar as palavras de alguém sem serem referendadas, ainda mais quando não foram publicadas! Quando enviei a ela a primeira versão da carta da Bianca para que fizesse as devidas correções, recebi sua revisão acrescida de um recado carinhoso, mas com uma frase que me deixou tão nervoso que até deixei cair todos os CDs que ficam ao lado da televisão, no quarto em que vocês dormem. Ela me disse o seguinte:

> *Confesso que fiquei com vontade de ter um tio assim...*
> *Formidável!*
> *Segue a carta com correções [...]*
> *Mas achei sua carta muito com cara de perdão, de culpa... Impressão?*

Fiquei tão nervoso que tive de fazer um exercício para me conter e não responder rispidamente ao seu e-mail; não somente porque tenho imenso carinho por ela, mas porque de repente me bateu a ideia de que essa certamente será a impressão que outros também terão de mim se um dia vierem a ler o conjunto dessas cartas: que se trata de um momento de reconciliação com todos; de que estejamos todos aparentemente reconciliados; enfim, o retrato por mim abominado daquele adesivo da *Família feliz*. Puxa, veio imediatamente em meu pensamento o caso de Nietzsche, alvo de interpretações equivocadas. E então compreendi que deveria estar preparado para as críticas que poderiam, porventura, ser dirigidas a mim por causa destas cartas, caso um dia elas viessem a ser publicadas.

Eis o que lhe respondi no e-mail:

Fátima,

Não se trata de culpa, não, mas consciência de que errei e quem erra pede perdão, não é mesmo? Por que culpa? Não tenho culpa, mas lamento não poder estar mais próximo de minha sobrinha, só isso, pelas razões que descrevi na carta. Culpa leva à depressão, a sentimentos ruins, à tristeza. Por que as pessoas entendem isso como culpa e procuram olhar esses sentimentos com antigos códigos de valores e reles psicologismo? Interprete isso como forma de assunção, superação, elevação. É muito diferente de culpa, remorsos. Não tenho isso, não. Tenho consciência de erros. Erros, todo mundo comete e nem por isso somos sempre obrigados a sentir remorsos porque erramos. Se assim fosse, então seríamos deuses e não seres humanos, cuja condição é viver na possibilidade de cometer alguns erros.

Diz a Teologia clássica que somente Deus não erra. Já viu Deus se perguntando se errou? Nós, sim, devemos nos perguntar onde erramos, rever pela noite o que fizemos; e, no dia seguinte, nos levantarmos e olharmos para frente, como diz São Paulo: esquecendo o que ficou para trás e avançando para o que está adiante;

prosseguindo para o alvo, para o prêmio da vocação do alto, que vem de Deus em Cristo Jesus (cf. Fl 3,13-14).

Conhecendo-a, sei que você é bem mais inteligente do que o "espectro de Fátima" que me fez essa pergunta! Desculpe-me, sei que daqui para a frente vão tentar me decifrar como a uma Esfinge. Não escrevi para que me interpretem, para ser decifrado, mas para que cada um volte para si o seu olhar para ver como estão se construindo...

"E você, como está se construindo?" Esta é a pergunta de fundo do conjunto das cartas, ou do livro, caso venham a ser publicadas. Não se trata de me imitarem, trata-se de se criarem ou de se recriarem! Quem sabe de se reinventarem.

Mandei esse e-mail antes de sair para correr e ter aquela visão que me deu frio na espinha e me fez voltar ensopado para casa de tanto suor – depois que voltei, papai, e escrevi aquela carta até a uma hora da madrugada do domingo. Vi que havia um e-mail da Neide, fazendo algumas sugestões em relação à carta da Bianca e um novo da Fátima, esse bem duro. Ela pegou a pergunta, que eu pensava dirigir a outros, bem para ela, e eis no que deu:

A minha adversativa "mas" levou-o a achar meu comentário como uma crítica. Não foi. Disse apenas o que achei. Por que tanto medo da palavra "culpa"? Por que está tão na defensiva? Só vale o pedido de perdão? Só ele é digno? Foi um comentário – talvez banal demais diante de uma carta tão terna. Sentir culpa só é remorso até o momento de reconhecer a culpa e, então, pedir perdão (a si e/ou aos outros). Não acho sentimento menor

ter culpa, muito menos fazer o mea culpa. Só os corajo-
sos o fazem. [...]

Fique tranquilo, não estou tentando interpretá-lo —
embora esta seja uma realidade da qual não deveria fu-
gir ao decidir colocar no papel tantos sentimentos, tanta
coisa guardada. Você está lavando a alma — e quando
se lava alguma coisa, sempre saem dejetos... Ou lavar
seria desnecessário! Corajoso você! Cuidado, você corre
o risco de, com essas cartas, ser interpretado como um
cara que dá valor a coisas que passam despercebidas pela
maioria — e, por assim ser, ser o mundo do jeito que é.

Como estou me construindo? Não sei, sinceramente
não estou preocupada com isso. Tento fazer as coisas
melhor e melhor a cada dia. Não sou hoje o que fui
ontem, nem o que serei amanhã. Não paro pra ver o que
muda em mim a cada milésimo de segundo. Daria muito
trabalho. Acho que nem teria tempo! Quando vejo, já
sou diferente — nem sempre melhor — diferente! E sem-
pre intensa, positiva, intempestiva, inquieta. Difícil até
pra mim me decifrar. Sempre me construindo e me desfa-
zendo, um dia após o outro — sem autopiedade ou censura.
O trabalho de me avaliar deixo para os que não têm o
que fazer com a vida deles. Quando se é autêntico, não
há medo de apertar a tecla "f."!

É, papai, por esse e-mail, o senhor viu que essas cartas não
têm nada de inocente, não. Há muita densidade existencial,
religiosa ou profana, pouco importa. Mas é verdade que a carta
da Fátima me fez refletir muito mais... Quando lhe respondi,
a carta veio num movimento diferente daquele com o qual eu

estou trabalhando: do sentimento de culpa como dispositivo para podermos ter poder sobre o outro, um pouco como disse Paul Valadier a respeito dos pensamentos de Nietzsche:

> Conciliar Nietzsche com o cristianismo consistiria, então, em dar razão a Nietzsche contra o cristianismo, pois se demonstraria que, como cristãos, nós somos incapazes de suportar a diferença, e que nós somos, então, escravos. Afirmar isso não é diabolizar Nietzsche, mas, bem ao contrário, reconhecer que, como adversário "rigoroso" do cristianismo, ele oferece ao cristão uma possibilidade de dirigir sobre si mesmo um olhar crítico e, então, de entrar eventualmente numa "metamorfose" de si, fecunda, enquanto ela lhe permite progredir em sua própria adesão ao cristianismo, livrando-se das ambiguidades ou das posições teológicas que fazem esse cristianismo perder sua credibilidade (por exemplo, *um modo de fixar o homem em seu pecado para poder anunciar-lhe a salvação*, o que consiste em anunciar primeiro uma "nova má", antes e como condição da "boa nova" evangélica...).[17]

Sabe, papai, eu sei que essas coisas são muito complexas; a mamãe, quando o pensamento se torna assim denso, começa a fechar os olhos e, mais ainda, os ouvidos. É muito para ela, mas como o seu espírito está dentro de mim, já deu para dar uma voltinha pelo meu interior e ver como tudo isso sempre mexeu muito comigo. É como se a Igreja Povo de Deus, que tanto amo, me tivesse ensinado a ver o oceano e, depois, a Igreja hierárquica quisesse que eu vivesse dentro de um aquário! Como pode um peixe VIVO viver fora do oceano?

Mas eu respeito muito essas palavras do padre jesuíta Paul Valadier, que, aliás, é especialista em Nietzsche e foi o primeiro leitor da minha tese doutoral (ainda bem que você não entende francês, porque ele me demoliu na defesa, e você, como não entendia nada do que ele estava falando, ficou vendo, pela janela, a neve cair bonito lá fora). Mas, parafraseando o próprio Nietzsche, "o que não me mata me fortalece!". E ele me fortaleceu com suas críticas a ter mais rigor com meus pensamentos e minhas pesquisas.

Pois é, mas o debate com a Fátima foi bom, pois me ajudou a clarear as ideias. A teologia cristã afirma que haverá um momento em que teremos atingido a visão global do que nos tornamos (*parusia*), cujo tempo e lugar não nos é permitido saber. São Paulo fala sobre isso na Primeira Carta aos Coríntios: "Um dia, conheceremos como somos conhecidos" (cf. 1Cor 13,12b). Teremos consciência de todas as consequências de nossas ações, uma vez que as marcas do que fizemos estarão sempre fixadas na história. Não se pode apagar o Holocausto, embora muitos o queiram fazer. Mas, se reconhecemos que temos certo grau de responsabilidade, de culpabilidade pela degradação da condição humana, precisamos também reconhecer os erros e nos converter, assim como na parábola do *Pai Bom*, conhecida mais popularmente como a parábola do Filho Pródigo. *Mea Culpa* é o que rezo sempre no início da celebração eucarística, como lembrança de que somos finitos e necessitamos constantemente do movimento do "cuidado de si", se quisermos ser um sinal de salvação na vida dos outros. E veja que salvação aqui não tem o sentido tomar para si o que é de responsabilidade dos outros, mas responsabilidade pelo bem da parte da humanidade que Deus nos incumbiu de zelar. Nesse sentido, o governante, como nos mostra Michel Foucault na obra *Segurança, território, população*, tem, em certo grau, um quê de salvação, até mesmo entre os chamados pagãos, ou gentis. O governante tem obrigação de zelar pela salvação do território e das coisas a que é chamado a governar.

Papai, não seria bom termos cristãos com essa compreensão no bojo da política brasileira? Mas como diz o teólogo José Comblin, do jeito que o sistema de governo está, a salvação não virá da política institucional, mas das organizações não governamentais e dos movimentos sociais da Igreja. O Estado, com suas estruturas e maquinações, faz até do mais santo um servo em potencial das forças diabólicas. É preciso estabelecer linhas de fuga desses dispositivos viciosos de poder. Um primeiro passo é interceptar, no horizonte em que nos encontramos, as práticas de dominação. Exerço o ministério da reconciliação, incluso o sacramento da confissão, mas com a consciência de que ele pode ser também um dispositivo de dominação. Sim, quando o confessor perde a dimensão de que a confissão é também um momento de auxiliar o penitente a rever suas práticas e auxiliá-lo no discernimento das futuras escolhas, passa-se somente "ao que pode e ao que não pode", resvalando para um segundo plano o que deveria estar em primeiro: o respeito à liberdade de consciência. A confissão passa a ser uma prática de dominação quando o confessor esquece esses aspectos e passa a ditar o que o penitente deve ler, escrever, assistir…O pior é que essas práticas "estão mais próximas de nós do que pensa nossa vã filosofia", parafraseando Shakespeare em Hamlet.

Bom, papai, se você quiser saber mais, creio que é melhor sarar logo e voltar a estudar. Tem alguns livros lá, em Arujá, que podem lhe servir de apoio. Ei! O dia está quase clareando. Vou precisar dormir, pois amanhã você vai ficar de boa na cama, enquanto eu vou trabalhar pesado. Tome cuidado ao atravessar a rua, hein? E quando reencontrar seu corpo espiritualizado, que permitiu que seu espírito corporalizado saísse por aí, veja se vocês entram em acordo e saiam logo daí!

Mas, para finalizar, mandei um e-mail para a Fátima pedindo desculpas, caso tenha sido rude com ela, pois não foi minha intenção. Aí me bateu, sim, um sentimento de culpa e eu lhe telefonei para lhe pedir perdão.

Tudo isso, papai, fez com que eu me decidisse continuar com meus encontros, sem partilhá-los mais com um público vasto. O tempo de olhar para mim com os olhos de fora já passou. É tempo de continuar a olhar para dentro. Agora vamos dormir, mas antes vou ler para você, como melodia de ninar, as palavras finais que Rilke dirigiu ao jovem poeta em sua primeira carta:

> Entre em você mesmo. Procure a razão que, no fundo, lhe pede para escrever; examine se ela estende suas raízes até o mais profundo do seu coração; reconhece-o frente a você mesmo: lhe seria fadado morrer se lhe fosse proibido escrever? Isto, sobretudo: pergunte na hora mais silenciosa da sua noite: devo eu escrever? Cave em você mesmo em direção a uma resposta profunda. E se esta resposta se apresentar afirmativa, se lhe é permitido ir ao encontro desta questão séria com um forte e simples "eu devo", então construa sua vida segundo esta necessidade; sua vida, até sua hora a mais indiferente, a mais ínfima, deve se fazer sinal e testemunha deste impulso.[18]

Agora é sério, chega, que já é de madrugada e eu começo a ouvir os barulhos dos carros na rua. Vou pensar depois o dia de meu encontro com a Rosana. Veja se não rouba o pedaço da minha coberta. A cama é grande e não faça barulho, que a mamãe e a titia estão dormindo no quarto que era meu e do Tato. Por hoje basta! Boa-noite!

EDELCIO
São Paulo, 1 de agosto de 2012 (5h26).

(Bilhete a meu pai)

Querido papai,

Olha, nesta semana não vai dar para nos encontrarmos, não. Salvo se houver alguma "intercorrência". Vamos nos ver, certamente, durante o período de visita na UTI; mas nos encontrarmos? Isso não dá, não! Mais de duas vezes na semana cansa muito, pelas seguintes razões: primeiro, não só porque escondê-lo da mamãe e da titia dá um trabalho danado; e, segundo, porque, ao sair de lá, você tem que usar de toda uma criatividade, cujo estresse mental pode complicar seu estado geral de saúde. Você sabe o quanto de contorcionismo precisa fazer para desviar dos tubos, passar entre os fios e sair da cama sem desfazer as cobertas; afinal, é preciso que seu corpo espiritualizado permaneça ali, "bonitinho da silva", para que os médicos continuem a medir sua pressão, "tirar" a febre, controlar seus batimentos cardíacos, ver o nível do açúcar no sangue; enfim, tudo o que precisa ser feito para evitar "intercorrências" desnecessárias que atrapalhem as perguntas sem sentido que virão no momento posterior: "Como vai o menino?" "Ele está passando bem?" Fico sempre com um misto de cara de bobo e "Jack, o estripador" ao captar com meus ouvidos o eco repetitivo dessas perguntas! Cá entre nós, essa não é uma questão inadequada e descabida que revela, subliminarmente, uma indisposição crônica em nos atender? Certo, não podemos generalizar sem que cometamos injustiças; mas a amostragem que recebemos nesses quarenta dias de UTI tem atingido um grau de probabilidade máxima assustador.

Você não acha que, se todos os visitantes soubessem como está a condição dos pacientes, precisariam vivenciar com tanta expectativa a passagem da visita médica?

Bastaria que cada um fosse ao encontro do seu respectivo doente, desse uma olhada geral nos aparelhos, visse se não há nenhuma escara em seus pés ou em suas costas, e anotasse, no prontuário que lhe foi destinado, os dados recolhidos à revelia, sem saber, de toda aquela indecifrável numeração, qual deve ser o escolhido dentre os números maiores e aqueles que serão descartados dentre os números menores. Uma gama de cores, setas e numeração, alternando-se sucessivamente no único canal de televisão de uma máquina agitada que, vez por outra, insiste em piscar e apitar. Quando isso acontece, a reação é geral: olha-se meio intrigado a relação entre apito, luz e série numérica que não para de se alterar: sai de 54 e vai para 88, depois passa a 67, chega mesmo a 56 e depois passa a 90, sem que possamos identificar nisso alguma progressão numérica ou geométrica. Um emaranhado de números que afetam nossos nervos e neurônios e nos deixam inseguros quanto ao futuro do paciente que temos nas mãos, para nosso desespero, em contraste com tranquilidade da equipe de enfermagem, já habituada pela rotina da profissão. Assim, em posse desse papel sagrado, como em que em fila indiana, passaríamos concentrados pela sala da doutora, informando-lhe a "situação estável do menino ou da menina"!

Mas temos que dar a mão à palmatória: UTI não é fácil para quem está doente, para quem o trata e muito mais para quem o visita. Como o paciente está meio atordoado ou sedado, já me disseram que não sofre tanto; os médicos e enfermeiros, para sobreviver, tornam-se, por força da profissão, um misto de Madre Teresa de Calcutá e uma pedra de gelo; mas quem sofre mesmo são aqueles que vão diariamente passar uma hora de visita sem saber em que estado sairão: eufóricos e esperançosos ou desiludidos e com depressão. Bem, papai, não vou mais cutucar a ferida, embora essa ala do hospital seja o lugar mais seguro para fazê-lo.

Mudando de assunto, vou lhe contar o que se passou nesta manhã, envolvendo a mamãe, a titia e eu. Pedi à enfermeira que lhe lesse este bilhete de noite, já que nesse período você fica mais agitado e, consequentemente, mais acordado. Foi por isso que pus o bilhete debaixo do seu travesseiro sem a mamãe ver. Eu, na verdade, devia ter acolhido o seu conselho de não dizer nada a ela e à titia sobre nosso encontro de ontem e sobre o que conversamos das duas até as seis da manhã. Mas, você me conhece, quando há algo de muito bom e engraçado acontecendo, eu gosto mesmo é de partilhar com toda a gente. Depois do café da manhã – sim, eu acordei bem cedo, desci da cama, e você nem percebeu de tão cansado que estava –, eufórico com sua presença, eu passei a lhes contar as aventuras pelas quais passamos, indo da Mooca para Arujá, de Perdizes a Santana. Titia estava sentada numa cadeira de frente para mim, e a mamãe na outra, ao meu lado direito, à mesa de jantar, ao lado da sala de estar. Comecei a ler o relato do nosso encontro em Arujá e a forma com que o senhor as enganou direitinho ficando quietinho na cama, lá no hospital. Mamãe não entendeu nada e a titia também. Mamãe me falava: "Que história é essa de espírito andando por aí? Você não falou que espírito desencarnado não existe e que não dá para associar a crença na ressurreição com a doutrina da reencarnação? Mas que bela confusão!!!!". Falei-lhes que o espírito corporalizado de papai não tinha nada a ver com a reencarnação, pois ele estava em posse também de seu corpo espiritualizado e que sem serem dois, embora andando separados, eram um. Algo assim como a Santíssima Trindade! Aí que ela não entendeu nada mesmo!

Feliz da vida por contar nossas peripécias, e rindo adoidado, de repente, vi a tia Idalina virar meio de lado para a mamãe, com os olhos meio abaixados, como quem está um pouco preocupada, e a mamãe por sua vez arregalando os

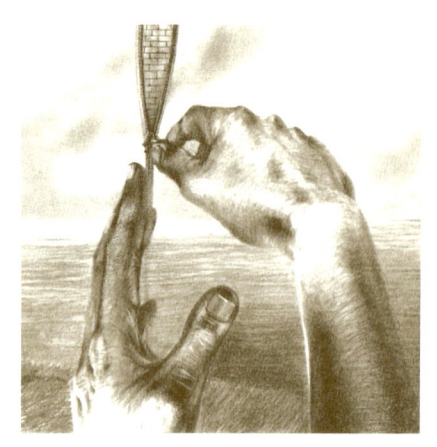

seus para ver em que estado eu estava. Senti um pouco o clima da família biológica de Jesus se espalhar no ar...

Ao ler em sequência os outros parágrafos, minha mãe dizia baixinho para minha tia: "Ai meu Deus, não bastasse um, vamos ter que internar o outro. Eu não tenho mais saúde para visitar dois doentes no hospital!". Minha tia, por sua vez, lhe dizia: "Ah, meu Deus, o caso é grave e não pode ser qualquer hospital!". No final, mamãe me disse: "Acho que eu vou ter muito trabalho daqui por diante...".

Pensei que estavam brincando, uma vez que, como disse, não só mamãe, como também as irmãs dela têm ótimo bom humor. Na visita da tarde — depois de ter dado a unção dos enfermos ao seu Apolônio, pai da Profa. Tânia, que se encontrava internado também na UTI do Hospital do Servidor —, percebi que a mamãe e a titia estavam mesmo preocupadas. Achando que eu atingira o mesmo estado de Jesus, aquele de "estar fora de si", tia Idalina disse baixinho para a Neide no saguão do hospital: "Coitado, ele não aceita a possibilidade da morte do pai!".

Mal sabem elas, não é, papai, que a gente está vivendo antecipadamente a experiência da ressurreição!

Beijão!

Edelcio
São Paulo, 2 de agosto de 2012.

(Bilhetinho a minha mãe)

Oi, mãe,

Ontem foi um dia de fortes emoções. Começou com minha leitura, para você e para a titia, do bilhete que escrevi para o papai, bem cedo, durante o café da manhã. Em seguida, deu-se o telefonema da Clara informando, não sem que levássemos um choque, que o tio Umberto havia falecido; por último, a cena do almoço: nela, as nossas falas foram breves e cortantes. Não chegou a ser uma daquelas cenas de pastelão italiano, que, depois de muito palavrório, todos terminam se abraçando e rindo ao redor de uma mesa. Naquela hora mais clara do dia, à mesa, entre as primeiras garfadas, nossas línguas/espadas estavam afiadas. Somos bons guerreiros. Sei a quem puxei. Minha discussão/luta com você foi tensa, misturada com as sombras do passado e a dor conjunta do presente, prenunciando o silêncio mortal que nos acompanharia até o cemitério, à tarde, para duas cerimônias de exéquias: a do tio, carregada de fortes emoções e a do Edelcio/criança, presa das carências e de nossas mazelas existenciais. A celebração das exéquias do tio foi até que breve e emotiva. Encerrou-se com minha bênção sobre o corpo dele, que carrega toda uma vida de belas realizações, tanto no plano humano quanto no espiritual. A outra cerimônia, mais longa, só foi encerrada nesta manhã, ao jogar meus últimos punhados de terra sobre esta folha de papel.

Não sei como consegui dar as quatro aulas da noite. Estava completamente transtornado. No entanto, apresentei o conteúdo ainda a ser sistematizado, baseado neste momento de inspiração em que me encontro, partilhando-o, por impulso e por euforia, com todos os queridos alunos, em meio à leitura de alguns desses parágrafos mágicos de minhas cartas, associando-os aos temas a serem tratados ao longo do semestre; parágrafos estes que estão me salvando de uma dor insuportável que eu pressenti há apenas três semanas, e que desabaria sobre mim como uma avalanche, não fossem esses momentos de elaboração. Esta dor está ligada à proximidade da morte do meu pai. Estes escritos me salvaram e tenho a esperança de que ainda a salvem também, mamãe. Mas, ontem, na hora mais clara do dia, tive uma pequena dúvida a esse respeito.

Você investiu contra mim, encontrando um pretexto banal, que é o desalinho de suas mãos, para me atacar; afirmando quase com essas palavras que ao publicar a carta que lhe escrevi falando de suas mãos eu queria ridicularizá-la aos olhos de todos. Interpretou a passagem sobre suas mãos, tão bela e pensada com tanto carinho, como uma provocação; como se eu sempre quisesse atacá-la de algum modo, o que não é verdade. Pois como os fatos o mostram: ofereci-lhe o melhor de mim, fazendo de sua carta o modelo de missivas que desencadeariam um movimento sem volta perpetuado pelas outras. Pelas palavras que lhe dirigi, procurei, justamente, lhe mostrar a beleza de suas mãos, tão belas para mim por tudo o que me fizeram de bom e até dei graças a Deus pelas palmadas doídas e muitas vezes excessivas que levei. Inverti, enverguei, desconstruí os tratados da estética consumista da sociedade atual e lhe mostrei os valores esquecidos entre cremes, loções e remédios que fazem parte dos banais programas estéticos de televisão. O seu mecanismo de dominação irrompeu de uma forma virulenta, sem que se desse conta disso: como uma leoa já sem forças, querendo ainda manter sua presa entre as garras, agora já não tão potentes. Intempestivamente, você se lançou sobre mim como que num golpe final. Mas, dessa vez, não teve êxito, e não porque você não as afia – é que a presa, tornada ela também "Leão", está aprendendo a se libertar das suas armadilhas. E essa presa, transformada em Leão, sou eu.

Levei meio século para me livrar da prova dos 98: minha primeira nota na escola, que lhe levei alegre ao mostrar-lhe o boletim. Mas não foi uma boa nota: não era cem! Contudo, a questão não está em que "os cem era uma forma para me fazer avançar mais um pouco em meus estudos, não!". Essa frase é uma frase que passa bonito diante dos olhos alheios, para mascarar a verdadeira intenção. Nietzsche tinha razão: criamos discursos sociais para legitimar nossa vontade de dominação. Assim, com esse mecanismo, inventado genialmente pelo seu inconsciente, eu lhe ficava sempre devedor e, assim, permanecia atado, mendigando seu amor. Essa mendicância, no entanto, levou-me a dirigir toda a atenção a você – e a distanciar-me de meu pai. O porquê não me interessa. É você quem deve lançar uma pergunta para dentro de si para saber a razão. E isso, se o quiser. Não sou de buscar causas para dar vazão a ódios e ressentimentos, considerados, por mim, sentimentos de ordem menor. Neste meu "cuidado de si", fui dando forma a um *devir-criança* que ri das dores do mundo e que faz dos "cacos soçobrados" algo de intenso valor!

Quando li para você, na noite anterior, antes de ter escrito o bilhete para meu pai, os encontros que tenho com ele, essa cumplicidade louca e sublime, deve lhe ter soado de forma insuportável. Mais uma vez, você não aguentou a minha proximidade com ele e tentou, ao meio-dia, seu golpe fatal. Minha carta, contendo "98 apontamentos" de suas qualidades, não estava "perfeita". Nela, faltava ainda o simbólico número "2" (ligação entre mim e você). E assim, numa busca incansável e infindável, me faria refazê-la indefinidamente e tiraria, assim, a atenção que neste momento devoto a meu pai, sem que deixe de devotá-la a outros também. Não sou egoísta. O amor é transbordante: sempre há mais a quem oferecer para que colha, também ele, a doçura de seu mel. Descobri-me dadivoso. Sempre achei, a minha vida inteira, que o papai se afastara de mim, tendo predileção por meu irmão; mas, na verdade, era eu que me distanciara dele mendigando sua aprovação em relação aos míseros "2" que me faltaram. Como um pedacinho de queijo sendo jogado na ratoeira, esse mecanismo transformou-se num veneno poderoso lançando-me anos e anos para dentro da armadilha. Foi seu mecanismo materno que afastara papai de mim.

Por isso, digo-lhe com todas as letras: eu acordei! Esse mecanismo não funcionará mais comigo!!! Preciso repetir? Não use nunca mais esse mecanismo comigo! A carta não lhe representa cem por cento? Então, rasgue-a e a descarte do livro de minha vida. Meu pai não mais estará separado de mim, pois agora ele está dentro de mim, num lugar onde a "traça e o caruncho" não o podem corroer e o ladrão roubar. Ele está dentro do meu coração e para afastá-lo de mim terá que me matar. Mas isso é impossível, pois seu amor por mim é incomensurável.

Libertando-me, creio que a libertei também. Libertei-a desse jogo que nos fez tanto mal durante quase cinquenta anos. Não há culpados, há somente vítimas de nossas carências e imperfeições. Assumi-las é fundamental para a retomada do cuidado de si e de novas e maravilhosas experiências. Eu estou aberto a isso, sempre. Se quiser estendo as minhas mãos ao encontro das suas, que continuam belas por tudo aquilo que lhe falei. A decisão é sua: olhar para o "2" que não tirei e, consequentemente, perder a possibilidade de viajar pelas novas veredas que se apresentam diante de nossas vidas, ou acolher os "98" que consegui com árduas provações, alcançando o desabrochar de toda uma vida, invertendo todas as lógicas do mundo, que não veem, nos anos derradeiros, mais do que o crepúsculo de nossas ações.

Eu a amo muito, da mesma forma como sempre amei o papai e os amarei enquanto durarem os meus dias. Encerrou-

-se o tempo de olhar para nossas vidas por meio do olhar dos outros. Estes não têm importância nenhuma, pois só servem de barreiras às nossas possíveis progressões e crescimento. É o tempo de olharmos para o amor que soçobrou em nós, depois deste furacão em que nos metemos, deste naufrágio de nossas vidas que a possibilidade da morte do papai nos salvou. De dentro de nós, olhemos para o horizonte belíssimo que se apresenta diante de nós! Papai vive e estará em espírito a nos unir para uma nova ventura. E isso, mamãe, só é possível para a raça dos leões!

Seu Nenê.

P.S. Não é significativo que me chame assim, desde que nasci?

São Paulo, 4 de agosto de 2012.
(Dia do Padre Diocesano – 6h40)

Oi, pai,

Acabei de me levantar, são 22h. O dia não foi fácil. Hoje, testei a força do meu coração. Quanta gente bacana esteve em seu velório, não papai? Olha que eu arrisco dizer que noventa e oito por cento estavam ali porque queriam realmente manifestar, seja a cada um de nós – mamãe, Tato, Rosana e Bianca –, seja principalmente a você, todo o seu carinho. Particularmente, vieram aqueles que o conheceram desde menino, como é o caso de seus primos, de primeiro e segundo graus. Puxa, pai, como o senhor é amado, não? Direta ou indiretamente, todos acabaram desenvolvendo uma ternura por você. Você sabia que algumas de minhas amigas, que começaram a ler estas cartas/encontros, antes mesmo do seu velório, iniciaram uma conversa com você? É verdade, pode crer. Uma amiga, cujo nome não vou dizer por discrição, me disse o seguinte, ao telefone, no dia anterior ao seu falecimento: "Não é que eu me peguei acendendo uma vela pelo seu Francisco em minhas 'conversações', uma vez que não estou situada no rol dos que 'acreditam', e falando como se ele estivesse ali, diante de mim!". Ela continuou a me contar: "Eu me peguei falando assim: 'Pois é, Sr. Francisco, eu sei que o senhor está sofrendo muito, que não deve estar sendo fácil a UTI etc. e tal...'". De repente, se deu conta e falou para si mesma: "Meu Deus, estou embarcando na loucura do Edelcio e falando com o pai dele como se seu espírito estivesse ali, diante de mim!". Ela me disse: "Você acredita que eu me peguei conversando assim?". Eu não lhe disse nada.

Tenho por divisa que, quando um mistério é muito grande, eu me calo. Facilmente, quando acontece algo assim, passamos a ordenar tal acontecimento com nossos juízos de valores, com nossos códigos epistêmicos e, consequentemente, julgamos. Pois bem, papai, eu, diante disso, me calo, para não atrapalhar a ação de Deus, que eu acredito estar agindo também na vida dessa pessoa. Senão, é capaz de o anjo Gabriel vir diante de mim, como foi até Zacarias, e me deixar mudo, como fez com ele. Afinal, não foi por interpretar com seus "juízos" o anúncio da vinda de João, o futuro Batista, que Zacarias, seu futuro pai, ficou mudo, até que fosse feita a vontade de Deus?

Oh, pai, cá para nós, entre nós dois, um sem voz já basta, não é? Ops, de novo, foi mal. O senhor parece não estar tão bem-humorado nestes dias; afinal, cinquenta dias de UTI é para tirar o humor até mesmo de Zacarias, que ficou "felizinho da silva" depois que viu se cumprirem as palavras de Deus (cf. Lc 1,5-20). Viu como ele saiu a cantar o seu belo hino, o *Benedictus*, ao lado de sua mulher Isabel? (Bem, ao menos é o que diz a tradição...). Assim, feliz, não me pareço Zacarias, quando, na sala da casa de Arujá, comendo e ao mesmo tempo fazendo duo com a Mercedes Sosa, eu cantava: *"Gracias a la vida que me ha dado tanto..."*?

Pois é, bem que a gente podia ter cantado isso ao voltar para casa hoje à tarde, depois do seu velório. Ainda bem que ressuscitado você não ocupa tanto espaço. Viemos no carro a mamãe, a tia Idalina, a tia Palmira, eu e você. Elas nem se deram conta de sua presença e, para dizer a verdade, num primeiro momento, nem eu. Estávamos tão tontos que já não sabíamos nem pensar e, muito menos, contemplar a ressurreição, não é mesmo? Acho que, nesse momento, seria pedir muito de nós, pobres mortais... Eu só sei que a sensação que eu tinha, ao me dirigir até a padaria, era a de que eu tinha sido nocauteado por um desenrolar sucessivo de fortes emoções. Havia um misto de sono, torpor e fome. Tudo isso junto. Pedimos um beirute cada um e levamos uma parte para casa, pois se ressuscitado não come, gente atrapalhada (de corpo espiritualizado e espírito corporalizado) perde a noção da medida do que deve comer. Ah, a utilização dessas expressões quase fez com que tia Alice tivesse uma convulsão aos pés do seu caixão, nem bem a missa de corpo presente tinha terminado. Diga-se, de passagem, ela foi linda, não foi, papai? Quantos padres, religiosas de diversas congregações, o povão de Deus, professores; crentes e não crentes misturados entre si; amigos, parentes, uma festa só! Não era a alegria que você sentia quando ia a velórios? Teve cantoria, uma bela homilia do bispo, muitas lágrimas que me fizeram, no fim, tomar a palavra e contar um pouco dos nossos encontros, sem que não deixasse de criar um pouco de confusão na cabeça de certos ouvintes...

Bem, mas voltando ao caso da tia Alice. Aos seus pés, pois seu caixão estava exatamente na posição perpendicular a nós dois, ela me interpelou com um montão de perguntas que eu, nem em aulas de metafísica, dou conta de responder. Ela parecia uma metralhadora disparando contra mim: "Que história é essa de seu pai andando em espírito por aí? Parece conversa de espíritas, e isso vai causar uma confusão na cabeça do povo católico etc. e tal...". Tia Alice é assim: entusiasta aos seus quase oitenta e sete anos. Vez por outra, vem me encontrar para almoçarmos juntos, é carinhosa comigo e quer saber dos meus trabalhos atuais. É uma dessas mulheres fervorosas, inteligente à moda antiga, mas que, por excesso de convicções, às vezes ofusca a beleza do mistério. Disse-lhe que a utilização dessas expressões não contradizia a tradição católica, pois Jesus se apresentou assim aos discípulos e, principalmente a Tomé: "Põe teu dedo aqui e vê minhas mãos! Estende tua mão e põe-na no meu lado e não sejas incrédulo, mas crê!". Ao que Tomé lhe respondeu: "Meu Senhor e meu Deus!". E Jesus acrescentou: "Porque viste creste, felizes os que não viram e creram!" (Jo 20,27-28). Falei-lhe que o fato de falar no espírito corporalizado de papai não queria dizer espírito desencarnado. Ao contrário, por uma ação que desconheço – mas, um dia, segundo São Paulo, saberei como isso se dá (cf. 1Cor 13,12) –, o espírito se apresentará ressuscitado em toda sua corporeidade. Eu já havia falado com você sobre isso, não é, papai? Mas não dava para começar aquela explanação exegético-dogmático-escatológica sobre a ressurreição, aos pés do seu caixão. Não é muito falar sobre isso ao lado do corpo velado do seu pai e com tanta gente querendo apenas lhe dar um abraço e lhe externar seus sentimentos de solidariedade e de compaixão?

Mas tia Alice é incansável, sua cabeça até pende de lado quando fica desconcertada por não ver solucionadas todas as suas questões. Por isso, eu disse acima que a tia Alice é uma cristã fervorosa à moda antiga. Na cabeça dela, tudo tem que ter seu lugar correto no rol das respostas prontas, apontadas, como em tiro de guerra, para aquelas perguntas básicas de confronto entre fé e razão. Sua cabeça pende de toda vez que ela se depara com qualquer reflexão mais complexa que fuja do quadro escolástico de sua formação. Sim, pois a escolástica formava as pessoas a terem respostas prontas para qualquer questão, mas não ajudava a pensar, a questionar e ver as coisas de outros ângulos, por outras perspectivas. Definitivamente, tia Alice não é uma teóloga contemporânea.

Em sua obstinação, naquele momento me deu a impressão de que tia Alice até mesmo o incomodara, fazendo seus dedinhos dos pés se mexerem. Sim, pois você estava sem sapatos. No carro, soube que na hora de colocá-lo no caixão, quem o ajeitou retirou-lhe o par de sapatos de cromo alemão. Eu não percebi nada, mas a tia Idalina, que o apertou todinho no caixão, percebeu. Você estava só de meia. Tinham retirado, para melhor alocá-lo, seu par de sapatos de cromo alemão, guardando-o junto a seus outros pertences, que nos foram entregues no momento em que colocamos o caixão no carro funerário! Foi por isso que seus dedinhos dos pés tremeram com as perguntas da tia Alice. O senhor deve ter percebido uma vermelhidão em mim quando lhe respondi, com um misto de carinho, mas de evidente chateação: "Tia Alice, é melhor ir respondendo aos outros e a nós mesmos pela prática do amor e da desarmada com-divisão. Não que a busca da verdade não seja algo a ser perseguido, mas como alcançá-la se ela é obnubilada por nossas 'verdadeiras convicções'? Mais amor e mais gratuidade é do que precisamos, tia Alice, e de menos convicções escolásticas!". Pai, você sabe que é isso o que realmente penso: a convicção essencial parte dessa vivência, baseada na verdade que é capaz de, por acolhida ao outro, suspender nem que for por um instante "nosso rol petrificado de convicções". Creio que era isso o que fazia Jesus, e olha que o Concílio Vaticano II fala, na *Dei Verbum*, que os ditos e atos de Jesus são a fonte de toda revelação!

Depois desse meu colóquio aos pés da cruz – sim, pois na mesma direção, localizado do outro lado, acima de sua cabeça, encontrava-se a imagem do Cristo Crucificado –, tia Alice saiu cambaleando a cabeça e passou pela porta em direção ao outro salão: aquele onde serviram cafezinho, chá e bolachas para desespero de minha tia Palmira. Ela não confessa, assim como minha mãe e minhas outras tias, mas devem ser descendentes de cristãos marranos, quer dizer, "judeus convertidos à força" (*mar anuss*) por Portugal. Tais quais os defensores das antigas observações judaicas, elas não tocam em nada, sobretudo alimento, que tenha contato com morto. Água, nem pensar. É preferível morrer de sede que atentar contra tal profanação! O corpo delas se contorce de fome e de sede, mas o espírito resiste. Cá entre nós, são tradições familiares petrificadas das quais nem mesmo um exorcismo dá conta de expurgar. Creio que descobri mais um dado de minha tradição familiar: a ascendência judaica por parte de mamãe.

Bem, mas voltando à tia Alice, eu a vi, mais tarde, estatelada num dos sofás na sala de recepção. Acho que em vez de endireitar a cabeça da tia Alice, creio que lhe criei ainda mais confusão! Muito querida a tia Alice!

Papai, o fechamento do caixão é o momento mais difícil. Meu irmão e eu sabíamos o que deveríamos enfrentar com bravura, para dar forças à mamãe, que já estava sob forte comoção. Senti meu coração bater mais forte, abracei a mamãe e vi um último raio de luz dourar sua pálida face, com a maquiagem já em decomposição. Tudo estava consumado. Só faltava, agora, o momento celebrativo da cremação. Não segui, dessa vez, o carro funerário como fizera de madrugada na companhia de meu primo Lilo, que, com uma gentileza e carinho sem pares, me acompanhou nas seguidas assinaturas e na escolha do que seria, por alguns dias, o seu novo lar. Escolhemos um caixão digno e com uma ornamentação sem ostentação, mas que rendesse a devida e última homenagem a uma vida de labor, regada de suor. Chegamos ao Crematório. Já tinha a consciência do que iria enfrentar. Eu sei que o trabalho cotidiano precisa ser eficiente e que há uma oferta bem menor do que a demanda, mas entrar naquela câmara fria que é a sala de atendimento é constrangedor. Apresentam-lhe mais papéis e lhe pedem mais assinaturas. "O tempo estipulado é de dez minutos", diz a senhora, numa gentileza dissimulada. Apresentam-lhe um cardápio de músicas que parece mais uma lista de karaokê, na qual há nomes e números. Para cada música uma quantidade de minutos. É difícil contabilizar, em meio à emoção, os minutos de fala, de música, de choro e de subida e descida do caixão! "Bateram dez minutos?", perguntamo-nos com cara de assustados, tal como os alunos em exame de seleção! Como sou padre e, vez por outra, acompanho uma família amiga para um momento de oração que precede a definitiva descida do caixão, saio sempre dessa sala como se tivesse sido flagelado a mandado de Pilatos em sexta-feira da paixão.

Anunciaram, pelo autofalante, a próxima cerimônia. Saímos todos em cortejo, como se fôssemos assistir a uma execução, não a da celebração, mas a do próprio celebrante. Ali, diante de todos, ele deve demonstrar sua real capacidade de fazer a contabilização mental dos números e dos atos sucessivos, sempre com um receio calado de que o caixão comece a descer sem que tenha terminado a sua oração. Embora quase sempre se salve, o momento posterior é, para o sacerdote, de total exaustão. Se isso acontece no enterro de parentes ou amigos próximos, e nem tão próximos, imagine na cremação do próprio pai! Definitivamente, deve haver uma melhor articulação entre VIDA e trabalho. *Business* não é nunca e somente *business*.

A leitura da primeira carta que lhe escrevi, um pouco longa, é verdade, não permitiu, nos dez minutos contabilizados, que o Irineu, meu antigo paroquiano, pudesse encaixar seu pronunciamento de dois minutos, preparado antecipadamente com tanto carinho. Esse, nós tivemos de deixá-lo para a missa de sétimo dia. Entre lágrimas, a morada provisória de seu corpo, papai, desceu para longe de nossos olhos, deixando-nos um misto de dor, vazio e solidão. Não dá para ser diferente, mesmo quando nossa razão aceita os dados da ressurreição.

Encontrei a Rosana, agradeci-lhe pelas constantes idas ao hospital levando a mamãe e a titia nas visitas à UTI. Expliquei-lhe, com detalhes, aquilo que disse com forte emoção ao final da celebração eucarística: "Quando me referi às constantes remarcações de 'nosso encontro', não fazia mais do que mencionar uma invenção de minha imaginação, ao escrever as cartas, para justificar o movimento dos sentimentos que não obedecia à orientação da razão". Se ela era, na ordem das razões, a destinatária da próxima carta, não era isso o que ditava o coração.

Passada a cerimônia de cremação, deixei tia Palmira pelo caminho e voltamos extenuados para casa: mamãe, tia Idalina e eu. De alguma forma, sentia que você estava bem.

Afinal, espírito ressuscitado não se cansa. Mas, a exemplo dos discípulos de Emaús ao lado de Jesus, nem percebemos sua presença (Lc 24,15). De tão cansado, quase não tive forças para comprar os quatro pãezinhos de mandioquinha e os dois de massa integral para o café da manhã. Feita a compra, entramos em casa. Tirei a roupa, tomei um banho e vesti o pijama. Mamãe e titia se preparavam para fazer o mesmo. O silêncio era pesado. De pijama, não sabia se caía direto na cama e enfiava meu rosto no travesseiro ou se saía pela casa, em ambos os casos, para chorar. Não sabia o que fazer com aquele vazio. Não era o momento para criar. Novamente tive medo. Andei a esmo pela garagem, onde estavam seu andador e sua cadeira de rodas. Vi a almofadinha de água, em que se sentou por meses a fio, pousada solitária sobre a cadeira de rodas. A mamãe e a titia continuavam em seus afazeres na parte de cima. Sozinho, com o coração apertado, sentei-me em sua cadeira, experimentei a sua almofadinha, acariciei os braços dela como se fossem seus braços e, olhando o que havia ao redor a partir da sua impotência, chorei, chorei, por minutos a fio. No coração uma dor lancinante. Seu corpo não estava mais ali. Nem a esperança que me fazia ir, nestas duas últimas semanas, dia sim, dia não, à UTI, estava mais lá. Teria que aprender a viver com a certeza de sua ressurreição, privada da presença física. Desconcertado, terminei por fazer a experiência vã de Maria Madalena que queria se agarrar aos pés de Jesus, no domingo da ressurreição (cf. Jo 20,17). Levantei-me da cadeira e deixei-a ali, vazia de sua presença. Subi as escadas da garagem, cruzando com a minha tia, respeitosa de meu momento de dor e solidão. Não cabia palavra. A ausência dolorida de sentimentos passados preenchia insuportavelmente o vazio da casa. Caí na cama e adormeci. Só acordei quando uma força estranha me conduziu à cadeira para registrar o que vivi. Tomado de exaustão, só consegui pronunciar essas breves palavras: "Boa-noite, papai, agora vamos dormir".

Edelcio

São Paulo, 6 de agosto de 2012.
(Festa da Transfiguração do Senhor).

Oi, Rosana,

Finalmente, marcamos o nosso encontro. Ainda bem que ele se deu no momento em que você está aí, em sua casa, com meu irmão e a Bianca, todos juntos. Ele está se sacrificando bastante, ao se ausentar por duas a três semanas de todos nós, para trabalhar em Marília. No entanto, essa possibilidade de reencontro, depois da morte de papai, acrescida das cartas que lhes envio, talvez possa enriquecer suas vidas. Ofereço-lhes essas cartas, que chegarão em breve a suas mãos, como o melhor presente que eu poderia lhes dar neste e em outros momentos. Elas são um instrumento, dentre tantos outros, possibilitando efetivamente tornar "uma" a vida dos três. Já lhes dei pequenos mimos, mas nenhum com este valor. Experiências acumuladas e partilhadas constituem um tesouro magnífico. No entanto, não devem ser imitadas, apenas colhidas no espaço vivo da memória, servindo-nos de inspiração. Elas necessitam ser remontadas, readequadas, para formar, com certa harmonia, o mosaico de existências emaranhadas, assim como estou montando e remontando, ao longo de todos esses anos, as pedrinhas que deram colorido à minha.

A totalidade das cartas que escrevi em meus cinquenta anos, e que coincidiram com a morte do papai, forma a moldura e a tela do mosaico de minha existência: "Espelho desolado, pequeno retângulo brilhante que nada é mais do que visibilidade", como diz Michel Foucault em *As palavras e as coisas*.[19] No conjunto total destas cartas, neste "pequeno campo de visibilidades" que me faz ver o mosaico de minha vida, algumas pedrinhas são mais brilhantes, outras, menos; algumas, mais formosas no seu contorno, outras, mais aguçadas e que, por isso, necessitam, para serem colocadas junto às outras, de um instrumento cortante para lapidá-las. Creio que estes cinquenta dias de UTI do papai foram a turquesa afiada que fez muitas das pedrinhas da minha vida serem recolocadas e realinhadas junto às outras, formando uma harmonia há anos desejada. Se isso se deu em mim, não há por que não se dar na vida de vocês. Certo, isso não se dá por si. É preciso perseverança no cuidado de nós mesmos para que essa harmonia se traduza em doce serenidade no cuidado dos outros.

Ao pensar sobre isso, veio-me à memória trechos de cartas que o imperador e filósofo Marco Aurélio dirigiu ao seu mestre Frontão. Pesquisados por Foucault e citados no curso intitulado *A hermenêutica do sujeito*, esses trechos revelam a sobriedade com que Marco Aurélio interiorizou um dos grandes ensinamentos da Grécia antiga: antes de aprimorar técnicas de governo da cidade, é preciso aprimorar técnicas do "governo de si", também chamadas de "práticas de si". Apesar de estar destinado a ser Imperador, Marco Aurélio dedicava regularmente uma parte de seu tempo ao exercício da vida agrícola junto de seu pai, não como descanso, mas como "um momento de se posicionar na existência a fim de ter, precisamente, uma espécie de referência na vida de todos os dias, referência político-ética".[20] Segundo Foucault, "nesta vida camponesa, se está mais próximo das necessidades elementares e fundamentais da existência; [...] o estágio camponês é uma espécie de reativação do velho modelo de Xenofonte ou do velho modelo de Catão: modelo social, ético e político, agora retomado a título de exercício. Uma espécie de retiro feito com os outros, mas para si mesmo e para melhor se formar, para progredir neste trabalho feito sobre si, para atingir a si mesmo".[21] Por isso, Marco Aurélio era tão atento ao exame de suas atividades cotidianas, pois estava ciente de que o aprimoramento de sua maneira de falar, com diligência e atenção, sobre as coisas do campo aos agricultores, o habilitaria na condução do governo da República que ele desejava ser baseada no respeito e não no temor daqueles que lhe eram subalternos.

Assim, nesta minha busca de um cuidado maior de mim mesmo, neste meu exercício de "práticas de si", procurei lhe escrever esta carta/encontro. Ela é a pedrinha mais valiosa, do mosaico de minhas tentativas, visando harmonizar nossa relação de cunhados. Lógico, isso não poderá acontecer se não houver uma dupla colaboração. Esta carta/pedrinha — enquanto expressão de "existências singulares lapidadas", formando o mosaico de uma vida que vale a pena ser vivida — não alcançará seu objetivo sem um movimento conjunto que parta de cada um de nós, ultrapassando a significação própria das palavras cunhado/cunhada. Entre os romanos, *cognati* eram aqueles que eram unidos a uma família por laços de sangue. Os *cognati* eram associados aos *agnati* (parentela paterna). Na Idade Média, atribuíam o termo *cognati* à parentela materna. No Brasil, há quem pense que os vocábulos cunhado/cunhada têm sua origem no termo "cunha", o mesmo que utilizamos para denominar aquele pedaço de madeira que os lavradores colocam entre a lâmina e o cabo, para dar melhor fixidez à enxada, necessária para limpar o campo, preparando-o à plantação. A cunha é, assim, introduzida "à força", entre a lâmina e o cabo, para cumprir uma função. O que salta aos olhos é que, no nexo real ou imaginário, a ideia é a mesma. Os *cognati*, na maior parte das vezes, eram introduzidos à força na parentela paterna. Naquela época, os casamentos raramente eram realizados por amor. Entre os nobres, este era relegado a um segundo plano. Acima do sentimento, reinavam interesses políticos e econômicos. Assim, introduzidos na família por causa da união com um parente de sangue, os *cognati* acabavam por cumprir também uma função. Creio ser esse o nosso caso. Por consequência de sua união com meu irmão, você e eu nos tornamos "cunhados" e acabamos desempenhando, um e outro, em nossas respectivas famílias, querendo ou não, também uma função. É a consequência quase natural quando duas pessoas desejam se unir e passar uma vida em comum. É uma ilusão pensar que o casal se basta a si mesmo. Ninguém se basta a si mesmo e nem as duas pessoas que formam um casal se bastam também entre si. Queiramos ou não, a história da família de cada um dos membros do casal se roça constantemente no jogo efusivo das existências, quase como um "corpo imaterial" afetando positiva ou negativamente a vida do outro. Não o vemos, não o tocamos, por isso o caráter de sua imaterialidade. Porém, as relações familiares nos afetam; elas nos alegram ou nos entristecem. É por isso que, mesmo sem vê-las ou tocá-las, o que nos dá a impressão de um certo quê de "imaterialidade", elas provocam verdadeiros choques, como um corpo sobre o outro. É por isso, também, que utilizei e expressão "corpo imaterial".

Assim, para que essa entrada forçada, que caracteriza a nominação cunhado/cunhada, seja efetivamente positiva é preciso arte, cuidado, atenção, confiança e muita predisposição para ouvir e dizer ponderadamente o que deve ser dito e ouvido num jogo de relações, que pode ser rico e construtivo ou pobre e devastador. É por isso que ouvi, com reservas, a fala emotiva de meu irmão sobre a família, no momento de despedida no encerramento da missa de corpo presente de meu pai. Pela experiência que acumulei, uma tarefa como essa é realizada, certo, com emoção, mas muito mais com ponderação, confiabilidade e predisposição.

Dessa forma, à família, cuja estrutura usual, mas não imutável, é a de ser constituída por pai, mãe e filhos, cumpre ultrapassar a descrição ilusória de *Família feliz*, que vemos ilustrada a enfeitar as portas traseiras de milhares de veículos condensados no trânsito caótico de nossa cidade. É preciso muito esforço para tornar uma família realmente feliz, ainda que vejamos seus membros abraçados, andando calmamente num parque ou num outro espaço público destinado à recreação. Nesse momento de descontração, em que um toma distância do outro e brinca levemente em meio ao verdor próprio à altivez das árvores e à maciez da grama, é fácil se ver enquanto *Família feliz*. Porém, a verdadeira felicidade não se dá como por milagre, mas se constrói cotidianamente na fricção exaustiva dos corpos, na correria diária de casa ao trabalho e do trabalho à casa, na densidade das relações. Assim, cunhados à força, experimentamos tudo aquilo que diz respeito a uma família que se quer, mas que não pode se dizer verdadeiramente feliz.

Um pouco assim como eu — que não sabia muito bem escrever longas cartas e que agora não sossego enquanto não escrevo pelo menos cinco ou seis páginas, relendo-as incansavelmente, procurando a melhor palavra e o melhor estilo para exprimir as minhas ideias —, tornar uma família feliz é um esforço cotidiano. Para construir uma existência familiar que tenha esse veio de felicidade, é preciso falar com profundidade sobre as coisas da vida; é preciso tempo para "escovar as palavras" antes de proferi-las aos outros. Essa arte é para poucos. Talvez por isso Jesus tenha dito que deveríamos ser fermento na massa; não sermos totalmente massa, mas fermento dentro dela. Segundo Ele, a felicidade familiar se constrói a cada dia e está baseada na compreensão mútua, no perdão, na fraternidade e na partilha cotidiana do pão, das dores e das alegrias. A felicidade familiar não pode ser tomada como algo efetivamente conquistado. Ela é semelhante à chama que, para permanecer acesa sobre o candelabro, precisa de constantes cuidados (cf. Lc 8,16). Talvez seja por isso que Jesus reordena nosso conceito de família, ao dizer aos seus ouvintes: "Quem é minha mãe e meus irmãos?". E passando com o olhar os que estavam ao seu redor, disse: "Eis minha mãe e meus irmãos; pois quem fizer a vontade de Deus, esse é meu irmão, irmã e mãe" (Mc 3,34-35). Como disse anteriormente, a família, e muito menos a *Família feliz*, não é algo dado, mas algo incessantemente construído.

Sei que não "escovei bem as palavras" quando discutimos por ocasião da estada de meu irmão no hospital há mais ou menos três anos, depois de seu acidente de motocicleta, concomitante à internação de meu pai na UTI por causa de uma queda brusca de pressão. Era janeiro, dia 25, e eu me encontrava em Paris, terminando as pesquisas de meu pós-doutorado. A aflição foi imensa e passamos muitos momentos de tensão. O Tato só foi operado na semana seguinte, três ou quatro dias depois da saída de papai da UTI. Peço-lhe, por isso, perdão publicamente. Não pelo que disse, pois estava consciente da coerência do que lhes dizia, mas pela forma *como* disse. O conteúdo de nossa discussão, aos outros, não importa. Como mencionei na carta ao papai, datada do dia 29 de julho, "é passado o tempo dos maus encontros"! Desses, agora, eu vou desviar. Quero propiciar novos e bons encontros, porém, eles não se dão por si. Se quisermos fazê-los realmente acontecer, serão necessários tempo e dedicação.

Você tinha consciência, depois de que fechamos o caixão e ao abraçar o meu irmão, do que ele estava sentindo. Afinal, há aproximadamente sete anos você também perdeu seu pai e tenho consciência, porque o vivi na carne, que foi para sua mãe, suas irmãs e você uma dor lancinante. Foi um encontro de vivências e sofrimento. No tempo da morte de seu pai, deu-se também, em nossas vidas, mais um desses desencontros. Estivemos presentes, minha mãe e eu, tanto no hospital visitando seu pai como no velório. Eram dias que antecediam, paradoxalmente, a um momento tão esperado por meus pais: a celebração dos 50 anos de matrimônio. A morte de seu pai ocorreu cinco dias antes, creio eu. Compreendia a sua dor. Eu mesmo lhe pedi para que viesse somente para a cerimônia de bodas de ouro e que, após comer algo, voltasse para junto dos seus. Telefonei-lhe e falei-lhe da importância da sua presença, mas sua dor pela perda do seu pai era tão grande que você não veio, embora fosse a única nora de meus pais. Confesso que fiquei muito contrariado e somente hoje lhe explico qual a razão.

Talvez esse seja um dos meus defeitos: creio que todos compreendem a totalidade dos atos que assumimos na vida e suas reais consequências; mas, hoje, tenho consciência de que isso não é verdade. Recordo que, ao voltar da Bélgica, depois de ter defendido minha tese de doutorado, meu irmão e você me aguardavam ansiosamente para podermos tentar solucionar um desses imbróglios familiares que se iniciam não sabemos como, tal qual uma pequena bola de neve que, ao se descolar do alto da montanha, chega ao solo como uma avalanche. Falo disso tranquilamente, pois não era segredo para todos os que se encontravam ali: nossos familiares foram se conhecer e se reconhecer somente na celebração de seu casamento com meu irmão, depois de nove anos, entre noivado e namoro. Meu irmão e você, tenho certeza, sabem do esforço que fiz e da emoção que senti ao celebrar o casamento de vocês, pois chorei o tempo todo. Para mim não era somente uma celebração matrimonial, mas uma celebração de reconciliação também.

Sabemos todos que o mais importante numa celebração de casamento é o momento das promessas matrimoniais. Até mesmo as alianças constituem um acessório, uma vez que elas não simbolizam mais do que foi dito pelos lábios. As alianças são a ratificação simbólica das tradicionais e fundamentais palavras: "Eu fulano/fulana, te recebo fulana/fulano por minha esposa/meu esposo e te prometo ser fiel, na alegria e na tristeza, na saúde e na doença, amando-te e respeitando-te por todos os dias de nossas vidas". Como celebrante, eu sei bem o peso dessas palavras. Foi por isso que não entendi sua ausência na celebração das bodas dos meus pais. Sabia da sua dor e era solidário com ela. Mas era o momento da alegria dos meus pais e nossa. Creio que quando os casais pronunciam essas palavras, acreditam que estarão concomitantemente vivendo juntos momentos felizes ou momentos tristes. O que aconteceu em nossa família foi justamente o paradoxo e o sentido mais profundo dessas palavras. E se os dois estiverem vivendo momentos diferentes? Um está feliz e o outro, triste? Como viver essas promessas, se não for capaz de sair de si e colocar-se no lugar do outro. Estou ciente de que, ao recordar este fato, posso auxiliá-los a reforçar cotidianamente suas promessas matrimoniais, como também auxiliar outros casais a refletirem melhor sobre o real significado que elas contêm e suas densas consequências.

Foi por isso que fiquei triste. Nunca tocamos no assunto e esses desencontros de ideias e ações acabaram por criar uma distância entre nós que, acredito, os acontecimentos que antecederam a morte do papai, bem como sua presença junto à minha mãe e minha tia, num momento tão difícil como as sucessivas visitas à UTI, foram capazes de amenizar. Precisava lhe falar tudo isso, como precisava também lhe pedir perdão. Tenha certeza de que nosso encontro demorou a acontecer não somente porque papai me pedia para conversar com ele, mas porque passei todo esse tempo "escovando as minhas palavras" para conversar com você. Tudo é muito delicado, ainda tudo é muito frágil. Mas é preciso tentar…

Mais uma vez, obrigado por estar do lado da minha mãe, do meu irmão, quando eles mais precisaram. Obrigado pelo abraço sentido que me deu no momento em que dissemos adeus ao papai.

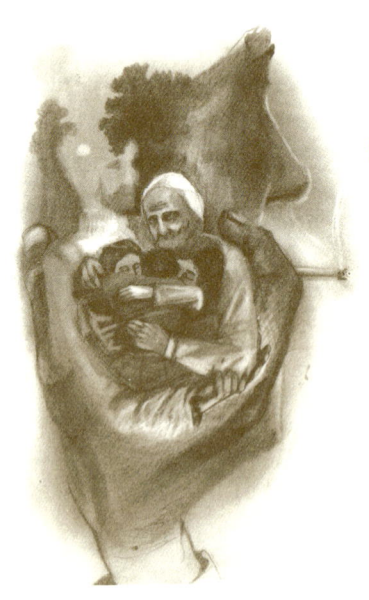

EDELCIO
São Paulo, 8 de agosto de 2012.

(Homilia da missa de sétimo dia do tio do papai.)

Caro tio Umberto *in resurrectionem*.

Inicio, assim, esta carta/encontro, me apartando da forma usual *in memoriam*, comumente utilizada quando nos referimos ou nos dirigimos a alguém que já morreu. A louca e sublime experiência que tive com meu pai, nesses quase dois meses de UTI, em que vivi na carne a contemplação de sua ressurreição quando ele ainda estava em vida, me permite falar com segurança nestes termos: *in resurrectionem*. Ao utilizar essa expressão, dirijo-me ao senhor a partir da perspectiva do velho Simeão, tão belamente narrada pelo evangelista Lucas. A tradução latina deste evangelho, mais conhecida como *Vulgata*, narra a cena em que este homem "justo e piedoso", chamado Simeão, se dirige a Maria, por ocasião da apresentação de Jesus ao Templo, nestes termos: *"Ecce positus est hic in ruinam, et in resurrectionem multorum in Israel: et in signum cui contradicetur"*, ou seja, "Eis que este menino vai ser causa de queda e elevação de muitos em Israel. Ele será um sinal de contradição" (Lc 2,34). Posto isso e visto que o senhor devotou toda a sua vida ao seguimento de Jesus Cristo, para nós, cristãos, plenitude da espera messiânica de Israel, nada mais justo que substituir a expressão *in memoriam* por *in resurrectionem*, na certeza de que, aqueles que morreram em Cristo, com eles viverão. Assim diz o apóstolo Paulo na Segunda Carta aos Coríntios: "Se alguém está em Cristo, é nova criatura" (2Cor 5,17). Desfeita a nossa morada terrestre, "receberemos de Deus uma habitação no céu, uma casa eterna não construída por mãos humanas" (2Cor 5,1).

Destarte, na certeza da sua ressurreição, titio, dirijo-me ao senhor a partir da minha mais alta estima e meu maior respeito, não só porque incentivou, desde o início, a minha caminhada vocacional, mas também por sua caminhada de fé e dedicação a todos que encontrou em sua passagem aqui na terra: seus pais, irmãos, esposa, filhos, netos, parentes e amigos. Lembro-me com carinho do dia em que me recebeu em sua casa. Na sala de estar, com tia Aracy, quis ouvir de mim o estado de minha vocação e o que me motivara a deixar a faculdade de Engenharia e lançar-me numa aventura louca por amor a Cristo e a seu Evangelho. Suas palavras encorajaram minha decisão, que meus pais e irmão, a exemplo de Maria no dia da Anunciação, dela nada compreendiam naquele momento. Nestes dias em que o senhor esteve no hospital e ao refletir sobre os mistérios de Deus e também sobre o sentido da vida, não pude deixar de me lembrar desse doce momento, que sempre guardei com carinho em meu coração. Nestes dias de verdadeiro calvário entre casa e hospital, hospital e casa, o senhor cruzou indiretamente com o seu sobrinho Francisco pelos andares e corredores, por meio das copeiras, dos enfermeiros e médicos que certamente entraram também no quarto de meu pai. Estes e as respectivas visitas foram o elo que os atou nessa *via crucis* que foi o tempo de ambos no hospital. Impedidos de se verem e reverem conjuntamente suas recordações de criança, ambos comungaram, no entanto, das mesmas doenças e das mesmas intercorrências. Os dias angustiantes que viveram, sua família e a minha, não permitiram que vocês dirigissem um ao outro um último adeus. Mas, graças ao sangue italiano que corria em suas veias, tanto quanto nas de papai, certamente não estranhou que o *"Ciao"* fosse de reencontro e não de despedida. Estou certo de que foi essa a saudação que deram um ao outro no momento de seu reencontro fraterno, quando se viram radiantes na morada do Pai: *"Ciao bello, come stai?"*.

Suas existências sempre se cruzaram e foram ratificadas pela coincidência quase que temporal de partirem juntos ao encontro da visão beatífica de Deus. Agora, como diz o Apóstolo, vocês se conhecem como são conhecidos (cf. 1Cor 13,12b). Doída para nós essa coincidência, ela foi, no entanto, o incentivo que meu pai precisou no momento de se desfazer de sua morada terrestre (cf. 2Cor 5,1). Companheiros de pelada quando meninos e adolescentes, alegres e espontâneos, vocês dois apresentavam uma tonalidade de voz parecida, ainda que a sua, tio Umberto, fosse mais potente e mais educada que a de papai. O senhor cantou em missas e casamentos, papai cantou somente no chuveiro. Certamente, se papai fosse mais jovem, não teria inspirado Woody Allen na criação do papel do ilustre tenor, em *Para Roma com amor*.

Nestes últimos dois meses, vocês vivenciaram as mesmas penas, os mesmos desconfortos, a mesma esperança de recuperação e a mesma resignação diante do inevitável. O senhor, tio Umberto, partiu na frente, já que era o mais velho, e deu segurança e acolhida a meu pai, que o seguiu. Dois dias depois de ter encomendado seu corpo à misericórdia de Deus, eu colocava a mão sobre a cabeça de papai, em seus últimos suspiros, dizendo-lhe: "Vá em paz, papai. A vovó o aguarda, e o tio Umberto quer jogar com você uma 'pelada' no céu!". Esta última frase eu não disse, mas pensei, uma vez que mamãe estava ali e o momento não era para brincadeira. De repente, o aparelho sinalizou um zero de batimento cardíaco, deu um pico e decaiu progressivamente. Mamãe, que estava de um lado da cama, e eu, do outro, choramos sobre o corpo de papai, ao anúncio do enfermeiro que nos comunicara que ele estava aguardando nossa chegada desde o início da manhã para encontrar seu querido tio no campinho de Deus.

É sobre essa pelada e seu significado para o futuro de nossa Igreja que eu gostaria, titio, de refletir com todos os que lhe prestarão homenagem na assembleia reunida para celebrar os sete dias de sua entrada na glória de Deus. Sei que o senhor foi presidente da *Juventude Operária Católica*, mais conhecida por JOC, não me recordo bem se em âmbito nacional ou regional. Creio que nacional, senão não lhe seria permitido encontrar-se pessoalmente com o futuro Cardeal Kardjin, em Bruxelas. Veja que até nisso estivemos próximos. Eu morei no país que agrega esta capital de junho de 1991 a janeiro de 1996, por ocasião de meus estudos na tradicional *Université Catholique de Louvain*, mais conhecida como *Louvain-la-Neuve*, ou seja, "Lovaina, a nova". Nesse país o senhor se encontrou com Kardjin e reencontrou o sentido de sua vocação de jocista. Ali, eu aprofundei, pelo olhar de Nietzsche, a crítica dirigida ao Cristianismo. Em seu tempo, o senhor viveu o apogeu da Ação Católica e o incentivo à vivência do Evangelho nos meios específicos, seja ele estudantil (JEC), operário (JOC), universitário (JUC) ou agrário (JAC). Em meu tempo, eu vivi no berço e contemplei o apogeu da Teologia da Libertação. Gustavo Gutierrez, inspirador dessa original teologia latino-americana, estudou também em Louvain. Incompreendida tanto pela Cúria Romana como, de certa forma, pelo futuro Papa Bento XVI, o então Cardeal Ratzinger, a Teologia da Libertação foi o estímulo que me fez enxergar o horizonte mais largo de minha vocação. Por meio de sua vivência, o senhor, titio, conheceu Kardjin, e eu, pela minha, tive a graça de conhecer D. Luciano Mendes de Almeida, D. Paulo Evaristo Arns e D. Helder Camara. Ambos, você e eu, cada um em seu tempo, entramos em contato com o Evangelho e procuramos vivenciá-lo onde nos encontrávamos: o senhor, no meio operário, e eu, no meio universitário.

Nos últimos anos de sua vida, o senhor deve ter-se perguntado muitas vezes o que foi feito dos inúmeros encontros e dos incontáveis membros da Ação Católica. Em meus cinquenta anos, eu procuro os vestígios magníficos da práxis da libertação. O mundo e a realidade do operário mudaram, assim como mudou o rosto das Comunidades Eclesiais de Base. O senhor parecia procurar entre as doces lembranças daquele tempo o fervor evangélico, e eu, nestes tempos em que prenunciam um futuro sombrio para nossa Igreja, a luz em meio às sombras.

Diz o filósofo Giorgio Agamben, italiano como nossos ancestrais, lançando mão da teoria dos neurofisiologistas, que trabalham sobre as *off-cells*, células periféricas da retina que entram em atividade na ausência da luz e que produzem uma espécie de visão que chamamos escuro. A partir dessa teoria, podemos concluir que é preciso, em tempos sombrios, manter fixo o olhar no seu tempo, para nele perceber não as luzes, mas a escuridão, que não está separada, no entanto, das luzes.[22] Embasando-se também na astrofísica, Agamben define o escuro do universo como um recuo incessante das luzes das galáxias que não param de se afastar de nós. Assim, a escuridão que nos separa das outras galáxias não é mais do que a luz que quer chegar até nós e que, no entanto, se aparta constantemente de nós.

Esta é, pois, a descrição que queremos dar ao cristão ou teólogo que se quer contemporâneo: desenvolver uma habilidade particular de neutralizar as luzes que provêm da época para descobrir nela as trevas, ou seja, "seu escuro especial que não é, no entanto, separável daquelas luzes".[23] Resumidamente, podemos dizer que ser contemporâneo é "ser capaz não apenas de manter fixo o olhar no escuro da época, mas também perceber nesse escuro uma luz que, dirigida para nós, se distancia infinitamente de nós".[24]

Destarte, por contemporâneo compreenderemos aquele que é capaz de perceber o escuro de seu tempo como aquilo que lhe concerne, e não cessa de interpelá-lo, e cuja visão, traduzida em palavras, custa a ser compreendida por aqueles que se situam junto a ele no tempo e, por isso mesmo, terminam por lhe ser refratários. Segundo Agamben, isto tudo faz dos contemporâneos um fenômeno raro e uma manifestação de coragem, uma vez que é preciso ser corajoso quando se tem que nadar contra a corrente de seu tempo. Não foi por isso que Nietzsche, o célebre filósofo alemão, aplicou o epíteto "intempestiva" à sua segunda consideração, que trata dos inconvenientes da história para vida, numa época que se vangloriava de seu saber histórico?[25] Ser intempestivo, extemporâneo, é, por conseguinte, ser contemporâneo.

Perdoe-me, titio, a simplista explicação para quem já contempla com maior vivacidade e clarividência os mistérios do Universo e de nossa frágil condição humana. Porém, não tenho como tentar compreender o sentido de minha vocação na época atual se não for por esses meios, lançando mão das teorias de Nietzsche, de Foucault e de Agamben, para entender o que se passa em minha realidade. Por isso, titio, o senhor tanto como meu pai, que o acompanhou para jogarem sua "peladinha" no campinho de Deus, mandem essa luz para nós, a fim de clarearmos o nosso presente: Chutem, chutem bem forte, com uma força sobre-humana, tão própria aos filhos amados de Deus, essa estrela incandescente para que se aproxime de nós e clareie o nosso presente! Isso, tio, chute para o meu pai e que meu pai a chute a mim, para que nessa dança do Universo clareemos a mente dos seres humanos, perdidos em picuinhas e desperdiçando cada minuto precioso de suas vidas. Chutem e chutem bem forte para nós essa luz, papai e titio, que nós a acolheremos com gratuidade, a fim de que tentemos, por meio de nossas modestas capacidades, dar visibilidade à necessidade de cada um cuidar melhor de si, para juntos cuidarmos melhor deste mundo, nossa morada e criação de Deus.

Obrigado por tudo, titio. Dê um *Ciao* carinhoso a meu pai e ao Pai Celeste por nós. De seu sobrinho e de todos os que aqui se encontram e o amam muito.

EDELCIO & CIA
São Paulo, 9 de agosto de 2012.

Oi, pai,

Bom-dia ou boa-madrugada, nem sei o que lhe dizer! Bem, é verdade que eu tenho vontade de ficar aqui papeando com você, mas a gente vai ter que entrar num acordo. Eu sei que nesta semana podemos nos encontrar a qualquer hora, tudo bem, pois estou de licença da universidade, por causa dos dias que tenho direito para realizar o luto. Porém, na semana que vem, volta tudo ao normal de novo. Veja bem, enquanto ressuscitado, você levanta a hora que quer, mas eu tenho ainda corpo e este aqui não vai aguentar muito esse ritmo. Ontem à noite, já foi muito difícil chegar a sua casa.

Ah, papai, essas histórias que conto aos meus amigos sobre nossos encontros está criando uma confusão danada, não só na cabeça da tia Alice, mas até na cabeça de meus amigos teólogos. A nossa amiga Alzirinha – lembra-se, aquela que passou alguns dias conosco em Arujá, que nos deu de presente a Mel e o Thor, que segue seu doutorado em Louvain-la-Neuve, e que há mais de um mês veio visitá-lo, aqui na UTI, por ocasião de sua passagem pelo Brasil? –, bem, ela me disse que esse movimento que estou fazendo é muito sadio, mas eu preciso, enquanto teólogo, deixar bem clara essa questão de "espírito", senão, como disse tia Alice, eu vou criar muita confusão na cabeça das pessoas.

De minha parte, com todo respeito à doutrina espírita, o que estamos vivendo não se trata de "desencarnação"; não se trata de percebê-lo como um espírito vagando por aí (a exemplo de como pensavam os judeus na época de Jesus, que acreditavam que o espírito ainda vagava sobre o corpo, momentos depois da morte). Não se tratava disso, não, embora seja verdade que seu espírito corporalizado saiu de carro comigo, dormiu em Arujá e voltou para o hospital para reencontrar seu corpo espiritualizado; essa mesma experiência que teve São Paulo, ao cair por terra quando ouviu de Jesus: "Saul, Saul, por que me persegues?"(cf. At 9,4). Lucas nos conta que o apóstolo viu "uma luz que o envolveu de claridade". A experiência de Paulo foi tão intensa que ele até ouviu a voz de Jesus! De minha parte, só não ouvi a voz porque você perdeu a sua há muito tempo, não é, papai? Ah, essa foi só para te provocar um pouquinho, você sabe que eu não perco a oportunidade de fazer uma boa piada! Dessa você gostou, não é mesmo? Em francês, quando a gente faz isso, usa-se a expressão: *c'est seulement pour te taquiner!*, quer dizer: "É só uma expressão para te provocar". Daqui para frente, quando eu fizer isso, então vou lhe dizer em seguida: *c'est pour te taquiner!*, tudo bem? É mais chique! E a gente pode rir adoidado nesse momento, como a gente sempre fez na vida. Afinal, esse humor eu também aprendi de você!

Voltando à minha conversa com a Alzirinha, depois que ela fez uma série de observações sobre minhas cartas e ideias, e eu as transcrevi numa folha à parte, para depois escrever sobre elas (as observações), e fui tomar um banho. Agora que escrevo compulsivamente, dou por mim que, quando as ideais estão confusas, vou primeiro ao chuveiro antes de redigir, como que, ao me lavar, eu lavo também as ideias. Isto me fez lembrar a cena da personagem de Woody Allen que só cantava belissimamente debaixo do chuveiro; o que me deu uma nova ideia também: vou criar um projeto de uma escrivaninha dentro da banheira. Quando as ideias secarem, eu abro o chuveiro, a água cai sobre o corpo e, incitando minha pele, eu escrevo. A gente sempre precisa encontrar meios para romper a secura da escrita e, sobretudo, da vida, não é mesmo, papai? Woody Allen é verdadeiramente um gênio! Ah, ok papai, essa minha mania de abrir parênteses, de pensar sobre pensamentos, acaba me afastando da ideia central. Tudo bem, daqui para a frente, ao menos nesta carta, serei mais rigoroso e mais "acadêmico", como se espera de um teólogo ou um filósofo de respeito. *Alors, attention: au travail!* (Então, vamos lá, ao trabalho!)

Mas voltemos à questão suscitada por seu espírito e as confusões decorrentes da utilização de minha expressão "espírito corporalizado". Antes de voltar para a Bélgica, a Alzirinha veio assistir a uma aula minha, para recordar os tempos em que foi minha aluna. Após a aula, ao jantarmos juntos, como forma de despedida, ela fez algumas observações a respeito dos comentários dos alunos, enquanto eu, eufórico, lhes contava sobre minha reação epistolar quando me deparei com a sua morte e, consequentemente, com a minha, uma vez que a aula era de Antropologia Filosófica, e eu, mesclando minha experiência pessoal, falei da condição humana, lançando mão das ideias de Heidegger, que dizia ser o homem um "ser para a morte"; que somente a consciência disso pode nos abrir um horizonte múltiplo de possibilidades. Assim como eu, que ao me dar conta do vazio, da morte, do NADA, acabei criando...

Ao falar aos alunos sobre isso, e tomado por minha euforia, eu acabei lendo para eles o primeiro bilhete que lhe escrevi, colocando-o sob o travesseiro para ser lido por uma enfermeira no silêncio da noite, noite nem tanto silenciosa da UTI. No momento em que o li, um aluno espirituoso, em corpo e espírito, e não em espírito corporalizado, soltou essa: "Ich, ele tomou o *Santo Daime!*". Eu não ouvi, mas os que ouviram riram, misturando os seus risos ao riso dos outros que nunca me tinham visto tão serelepe dando aula, sobretudo, voltando do enterro do tio e às vésperas da morte do pai! Entre conversas durante o jantar, Alzirinha me disse o seguinte: "Eu fiquei pensando no teu aluno, aquele que disse sobre o 'Santo Daime'. Nós rimos da cena, mas, no final, ficou claro que atrás do comentário, ele não estava entendendo nada... A tradução daquela expressão soou para mim como: "Tudo isso é uma grande piração!". E não é, Deds [é assim que ela me chama]! Claro! Mas não está mesmo claro para quem tem um primeiro contato com o texto, o fato, por exemplo, de seu pai ter conversado com você!".

A Alzirinha lembrou esse fato na classe por ocasião de nossas reflexões *via* texto feitas pelo Skype. O que lhe disse, a respeito do que foi denominado "piração", como efeito de Santo Daime, mencionado pelo aluno, foi o seguinte: "Às vezes, eu também não sei mais o que é imaginação e o que é realidade. Mas uma coisa é nova para mim: 'O que sinto é o que importa' e não o sentir como se sente um cheiro, um aroma, ou o arroz queimando. É uma questão de sensação corpórea, que vem das entranhas, um pouco o que o evangelista Lucas procura mostrar na passagem da visita de Maria a sua prima Isabel. Quando a mãe do salvador a saúda, a futura mãe de João, o Batista, sentiu que este estremeceu em seu ventre e 'ela ficou repleta do Espírito Santo' (cf. Lc 1,41)". Em minha conversa com a Alzirinha, eu procurava lhe dizer que havia, sim, um misto de imaginação, sensações e razão no que estava escrevendo; mas que o que estava sendo tratado nestas cartas partia de minhas entranhas, fazia uma revolução física dentro de mim, como se uma metamorfose se operasse e contorcesse todas as minhas vísceras. Disse-lhe então: "O que estava acontecendo comigo, no momento em que chorava sobre papai lá na UTI e o convidava a deixar seu corpo espiritualizado na cama para que seu espírito corporalizado me acompanhasse até Arujá para criar, não era construção teórica e puro jogo literário; era uma questão de 'carne', de percepção. Quando vi papai passando-me seu espírito, de sua boca para minha boca — no momento em que sua respiração se tornou ofegante e eu sorvi com intensidade aquele sopro vital —, aflorou uma sensação quase corpórea de que, mesmo morrendo, o seu corpo, sua presença, já em outro plano, já não seria mais apartada de mim".

É, papai, é muito forte o amor que nos une. Hoje, passada essa tormenta que quase nos arrasou a todos, dou-me conta de que sempre foi assim. Entre encontro e desencontros, sempre nos amamos nessa intensidade. Mas isso eu não compreendia. Foi por isso que escolhi, como mensagem em uma das coroas de flores a enfeitar a sala onde você foi velado, a divisa, extraída do livro de Jó: "Eu sei que meu Defensor (*go'el*) está vivo e que no fim se levantará sobre o pó; quando tiverem arrancado esta minha pele, fora de minha carne verei a Deus" (Jó 19,25). Tudo aqui é uma questão de carne, dentro ou fora, a "carne" é o elemento central. Ela possibilita tanto a percepção do inefável quanto nos afasta dele, mantendo-nos no horizonte do cotidiano e das coisas banais. A "carne" não é empecilho à realização do espírito, como diziam as teorias de Platão; ela, a carne, é o meio pelo qual passa uma compreensão mais refinada da existência. A "carne" é o interstício entre o inefável e o banal. Não se trata, pois, de nos libertarmos dela, mas de a vivenciarmos até o fim, pois por meio dela apresenta-se a plenitude do mistério da encarnação: "E o Verbo se fez carne, e habitou entre nós!" (Jo 1,14).

Relatei-lhe tudo isso, papai, por ter ficado intrigado com o fato da Alzirinha ter dito: "Mas para quem pega o texto pela primeira vez, tem hora que não sabe o que concreto e o que é imaginação".

Ora, eu disse a ela, esse é o "grande acontecimento" do texto, a grande sacada desse processo que não tomo por inconsciente, mas como essa virtualidade que me roçava há anos em minhas reflexões! É a "materialidade incorporal" de meus mais profundos questionamentos a respeito da Igreja, do mundo, da academia (não de ginástica, mas universitária) e de minhas experiências pastorais. Eu a lembrava de que, num outro dia, ao refletir sobre essa experiência "maluca", não havia a possibilidade de separar em minhas cartas/encontros o que é real ou imaginação, da mesma forma como não podemos fazê-lo com os evangelhos, querendo filtrar a historicidade dos textos daquilo que é construção teológica ou literária do autor. Agora, compreendo "na carne" que se fizermos essa separação entre realidade e imaginação perdemos a beleza do experimento existencial dos apóstolos. Afinal, o que é imaginação e o que é historicidade nos evangelhos? "Se tiramos uma parte, matamos a outra." Afinal, não é isso o que dizem os biblistas e também os especialistas em Sagrada Escritura? Disse-lhe também, papai, que o que eu havia lido e estudado, eu o compreendia, agora, *na carne*. Agora, as teorias estudadas, os textos meditados, algumas passagens dos evangelhos, enfim, tudo o que li, eu o havia experimentando na carne. Nesse momento, não posso matar o sentimento. É interessante, papai, como temos medo do sentimento. A mamãe e a titia estão preocupadas comigo, pelo que sinto, falo e escrevo. Elas dizem que vão me pôr fora da Igreja...

Na verdade, todas essas coisas que aconteceram e ainda acontecem, mas em menor intensidade agora, papai, mexeram tanto com minhas entranhas que, às vezes, eu quase não mais dormia, comia, pois sentia somente uma vontade de vomitá-las, como se estivessem represadas e querendo sair de meu corpo, por anos a fio. No que escrevo, a grande parte é sentimento, mas não isento de racionalidade. Porém, racionalidade é que imperou até aqui. Agora é o momento de inverter as hierarquias. Neste texto, não posso racionalizar o que sinto. Preciso, sim, ordená-lo, categorizá--lo, no rol de minhas sensações; associar os dados simbólicos; enfim, cartografar a minha vida e o que fiz desde pequeno até aqui, entre atos e pensamentos. A forma teórica e sistemática dos conteúdos que dão embasamento a tudo isso faz parte de outro trabalho, que realizo concomitante a este. O coração desnudo irrompeu densamente entre reflexões e emoções e jorrou, para meu espanto, como um vulcão adormecido, que se salvou antes de ser extinto. Ambos, a dissertação e este texto, por conclusão, são as duas faces da mesma moeda. Sei que no emaranhado das ideias, ouço vozes amigas que pedem de mim sistematização, cuidado com os conceitos, cuidado com as teorias, sobretudo, em relação aos temas da ressurreição, distinguindo-os da reencarnação; enfim, o já dado. Mas como posso falar sobre o que está ainda se constituindo? Como posso falar de algo que é totalmente novo para mim e sobre o qual decidi escrever?

Veja bem, no que diz respeito à Teologia da Libertação, não foi justamente por essa ânsia de ajustar todas as afirmações teológicas aos documentos elaborados pelo magistério, com base na tradição, que quase a mataram, abafando e sufocando suas melhores inspirações? Certo, se na formulação dos teólogos da libertação houve erros, equivocadas interpretações, estes devem ser discutidos. Se eles apareceram, isso não se deu por inconsequência ou falta de rigor, mas pelo próprio caráter da novidade. Quando Nietzsche escreveu o livro *Gaia Ciência*, ele se encontrava em Gênova. Nietzsche compreende bem os símbolos. Em *Assim falou Zaratustra* ele mostra a conjunção entre signos e poderes, como bem disse Leon Kossovitch. Nietzsche escreveu a *Gaia Ciência*: uma ciência leve e que sabe brincar com a densidade da vida, a partir do porto de onde zarpou Cristóvão Colombo. Isso, simbolicamente, significa a conquista de novas terras, de novos horizontes. Precisamos dessa ciência alegre em nossa época para tornar leve o anúncio do evangelho: "Vinde a mim vós que estais cansados e sobrecarregados, pois eu vos aliviarei", diz Jesus, "pois meu fardo é leve e meu jugo é suave" (cf. Mt 11,28-30). E não foi esse ímpeto descobridor que fez o Velho Continente se levantar das cinzas, como a Fênix, depois da devastação da peste e dos conflitos religiosos que quase assolaram a metade da população de vários países?

Mas, voltando à Alzirinha, em nossas conversas via on-line, ela insistia que eu deveria deixar "tudo bem contextualizado... com vistas ao leitor que tem em mãos um livro de um pensador da Igreja, seja ele filósofo ou teólogo". Mais uma vez, a Alzirinha voltava com a racionalidade, enquanto eu queria dar espaço à sensibilidade, ao sentimento. Ela continuava: "Para 'chegar no sentido' do que você mesmo acredita, deve fundamentar [tudo] teologicamente...".

Dito isso, ela me disse algo que me causou um efeito inesperado. Eu, que pensava que estávamos na mesma sintonia, de repente, dei-me conta de que não. Ela me disse assim: "Afinal eu havia entendido quando conversamos que seria um texto dentro da linha Teologia x Literatura, lembra-se? Senão você vai acabar caindo numa linha mais existencialista mesmo... aí vai depender do enfoque que você pretende dar à obra". Então eu lhe disse: "Mas tudo o que estou tentando passar com esta minha experiência não seria uma forma de 'roçar' a experiência existencial dos discípulos de Emaús e Maria Madalena? Nesse caso, eles sentiram, não raciocinaram. A elaboração teológica veio somente depois. Não vou me enquadrar. Se não entrar numa linha, fundo outra! O que escrevo não é para entrar em linha nenhuma". Foi aí que nossos neurônios começaram, de novo, a se reencontrar: "É o que eu disse. Depende de que foco você quer dar aos seus escritos", disse-me ela. Então eu lhe respondi intempestivamente: "Chega de racionalização, baseada nos critérios às vezes condicionantes da academia. Aqui é o espaço para a emoção. Não posso redigir esse texto com os olhares de fora, acadêmicos, isso mataria toda a inspiração. É tempo de olhar para mim e para tudo o que venho construindo nesses anos com o olhar de dentro. Parto, como me pediu Rilke, do olhar de dentro!".

Então ela acrescentou: "Não se trata de 'se enquadrar'... é só tomar cuidado para o que é tão valioso, para que não acabe por confundir as pessoas em vez de ajudá-las; mesmo que você faça isso no âmbito da inspiração e dos sentimentos... Foi nesse sentido a minha sugestão... só isso!".

Ao que lhe respondi: "O que posso fazer é somente situar algumas categorias e aí, sim, na introdução fazer teologia. Não acredito que os apóstolos fizeram, primeiro, teologia para só depois viverem a experiência da ressurreição. Esta é inefável e indizível, as palavras são pobres para traduzir esse acontecimento tão grande! Sinto realmente que foi meu pai quem me levou até a mesa para escrever, como os discípulos sentiram que fora o próprio Jesus que os aguardava na beira do lago, com peixe assado. Que digam que é 'construção teológica' essa passagem! E, de certo modo, é mesmo. Mas será que não há nelas resquícios de sentimentos que não encontraram outra forma de falar para traduzi--lo do que as imagens, sempre tão propensas a infindáveis e distintas interpretações? Contudo, é justamente essa a experiência inovadora que sinto em mim. A experiência na UTI com meu pai me propiciou o reencontro das duas dimensões necessárias para minha vida e, creio nisso plenamente, necessárias também a uma experiência efetiva de fé. É o encontro entre razão e emoção. Agora entendo 'na carne' o porquê da dissecação de Deus e sua morte consequente anunciada pelo 'louco', na *Gaia Ciência*, mais precisamente no parágrafo 125. Louco que foi, ele estava completamente lúcido: "Nós somos os verdadeiros assassinos de Deus". Ele estava redondamente certo: a razão disseca a experiência da fé. Se matamos os sentimentos, com que ficamos? Com NADA! É o experimento sartriano do *Ser e o nada*. Neste momento, foi me dada a graça do SER, por meio da experiência com o NADA".

Disse-lhe ainda: "Com a possibilidade iminente da morte de meu pai, rocei minha própria morte. Mas meu pai me salvou fazendo-me olhar para esse vazio não com o sentimento do desespero ou percepção pessimista da existência. Meu pai, 'tossindo e cuspindo para fora de si o vazio, o nada', deu-me a possibilidade da criação: '*Schöpfung der Welt*', escrevia Nietzsche: poder criativo que se manifesta no encontro com o Nada. E você, Alzirinha, ainda me pergunta se tudo isso é existencial? Mas é lógico que é existencial! Não tem nada de ficção. Há, sim, imaginação, do contrário o que escrevo não seria arte. Mas há, por outro lado, verdade experimentada e não contada. O que mais me intriga, e o que achei estranho, é você não ter reparado nisso. Tudo aqui é existência: será um livro escrito com sangue, com VIDA".

No final de nossa troca de mensagens, agradeci-lhe pela reflexão, não sem antes adverti-la de que ela estava sendo registrada, afirmando que aquela conversa se tornaria o motor para uma ideia que vinha elaborando há dias e que somente agora, sobre esta página em branco, tomou forma. Entre essa troca de palavras e o que aparece aqui escrito, papai, você viu que não se passaram mais de três horas. Disse-lhe ainda: "Ao entrar na vida religiosa e ao fazer os estudos necessários para tanto, a Filosofia e a Teologia fizeram com que Deus se tornasse um objeto de estudo para mim e não podia ser diferente, senão não seria nem uma ou nem outra. Enquanto objeto de estudo, minha proximidade afetiva com ele se apartou de mim. Porém, com essa experiência, a de sua estada na UTI, eu reencontrei a emoção do encontro afetivo com Deus que me levara a entrar no Seminário".

Sabe, papai, eu me lembro, um dia, de que ao voltar de um retiro, disse a mim mesmo no fundo do coração: "Isso aqui é tão bom, não quero isso somente num ou noutro momento de minha vida. Vamos, Jesus, vamos armar três tendas: uma para ti, uma para Moisés e outra para Elias". Eu me disse no mais fundo do coração: "Eu não quero pouco, quero MUITO. Quero essa experiência em todos os dias de minha vida!".

O senhor sabe, papai, que isso é verdade, não é?

Lembra-se de nossa conversa, no carro, em corpo e espírito, tudo junto, em meus 19 anos, indo para a faculdade? Eu chorava quando você me expôs as razões da resistência da mamãe e dos motivos que ela pensava serem os que me impulsionavam a entrar no seminário. Não preciso lhe repetir tudo isso, não é, papai? Pedi-lhe que me deixasse em frente à Igreja Santa Rita do Pari, onde havia participado da comunidade de jovens por cinco anos. A hora se aproximava do almoço. Em prantos e rezando, de repente, ouvi uma voz forte do outro lado da nave: "A Igreja vai fechar!". Era o Pe. Álvaro Pari que gritava. Deus tenha misericórdia dele. Conhecia-me desde a adolescência, viu-me chorando ali, mas não se aproximou de mim. Gritou apenas para que eu saísse. Não me reconheceu, nem depois de cinco anos tocando violão na Igreja? Talvez não. Porém, não se fala assim nem devemos tratar assim alguém que está chorando na Igreja. Saí cambaleando pelas ruas, chorando, até a Igreja Santo Antônio do Pari, solitário em minha decisão, perdido e incerto de meus caminhos. Felizmente ela estava aberta à hora do almoço, caso raro em nossas comunidades católicas. Sentei-me em um dos bancos, ao fundo. Envolvi meus joelhos com os braços, baixei a cabeça e solucei, solucei com um choro doido. De repente, senti um abraço, mas não havia ninguém. Ou melhor, havia o espírito do Cristo me envolvendo e me acolhendo em minha angústia existencial. Eu sinto o calor desse abraço, papai, como eu sinto sua presença perto de mim. Por que posso sentir a presença envolvente de Cristo e não posso sentir sua presença perto de mim? Quais os critérios do pode ou não pode em uma e outra situação? Quais as distinções epistemológicas?

Agora, ao escrever isso, vejo tudo com mais clareza. O episódio que narrei a respeito da volta do retiro que fiz tem relação com a experiência que fizeram Pedro, Tiago e João, no monte Tabor. Quem pedira para armar três tendas fora Pedro. Eu tomei-lhe emprestadas as suas palavras. O que me motivou a entrar no seminário foi roçar a experiência da *Transfiguração do Senhor*!

Papai, não seria então um sinal de Deus que você tenha justamente, trinta anos depois, sido velado e sua cerimônia ocorrida na *Festa da Transfiguração*? De repente, depois do velório, tudo se tornou evidente para mim. Agora entendo o que a Neide falava a respeito de uma experiência que ela também teve no velório, no momento em que passei o cálice com o sangue de Cristo à minha mãe, no momento da comunhão. Ela disse que isso é denominado a *consciência ampliada*. Ao lhe escrever hoje, papai, vejo tudo mais amplamente. Digo-o a mim, lançando mão de alguns pensamentos trocados nesta manhã com a Alzirinha via Skype: "Deus não é agora tão somente mais um objeto de estudo para mim, mas eu me reapropriei de sua força vital que VIVE em mim e que me fez entrar na vida religiosa. Trinta anos se passaram para que esse reencontro com Deus se desse, óbvio, muito mais pleno, porque ele me era desejado como um ACONTECI-MENTO que aguardava o momento propício (*kairós*) para se efetivar. Foi justamente por analogia que fiz essa experiência. Isso tudo está em outro plano, não da racionalização, mas do experimento existencial. E isso é o novo dessa experiência. É o experimento da transfiguração".

Creio que é por isso que os jovens não creem mais tão profundamente como outrora. Sim, muitas Igrejas evangélicas estão cheias, como estão nossas comunidades carismáticas, mas temo que se fique somente no sentimento superficial e induzido dos estados alterados de inconsciência, que nos apartam de um experimento existencial mais profundo no encontro corajoso com o vazio. Nessas celebrações, canta-se em demasia; fala-se muito e, às vezes, não se dá o devido espaço ao vazio. Esse vazio em que se manifesta a ação criativa de Deus. "É preciso ter o caos dentre de si para dar à luz uma estrela dançante", disse Nietzsche.

Mas não seria o caos também uma espécie de vazio da ordem, da estrutura, das ideias cansadas, mas insistentemente afirmadas?

Como dissemos, o sentimento não pode ser negado. E se quisermos dialogar com a juventude, temos que nos dar conta disso, uma vez que os jovens vivem dessa emoção. Nessa idade, tudo é muito intenso. Mas as emoções mudam e, se não houver elaboração mais profunda e existencial das emoções, tudo muda juntamente com ela, até mesmo as denominações ou profissões religiosas. Em minha opinião, um dos grandes problemas do esfriamento das Comunidades Eclesiais de Base (CEBs) e certo esvaziamento das mesmas nos grandes centros urbanos talvez tenha sido o fato de passarmos facilmente para o outro lado, ou seja, o da extrema racionalização. Nelas, porém não posso generalizar, é claro, fizemos um despejo de teorias. Em certo sentido, a Igreja, toda ela, devolve teorias aos jovens e estas não lhes fazem mais sentido, não lhes dizem mais nada. São apenas pensamentos entre tantos pensamentos, sem nenhum matiz de seleção.

No movimento instaurado pelas minhas cartas, algo se passou com a Silvana e algo se passou com a Neide. Elas não creem como nós nem têm a mesma espiritualidade que nós;

no entanto, isso não quer dizer que não acreditem em algo e que não tenham espiritualidade. Mas o que está acontecendo comigo, de certa forma, mexeu profundamente com elas. Não estou preocupado com isso. É algo que diz respeito somente a elas e que elas poderão partilhar comigo no futuro, se assim o quiserem. Por fim, disse eu à Alzirinha: "Você entende a dimensão da coisa? São pessoas que não creem, ao menos da forma como nós cremos, e ficaram abaladas com essa experiência. 'Experimento' é o que eu quero daqui para a frente, não teorias. Basta de teorias sem experimento: *'Nicht Theorie und Praxis trennen'* (Não separar teoria e práxis), disse Nietzsche. Teorias sem poderem se encarnar nas situações concretas da vida se tornam rapidamente ocas, 'impotentes", como diria Hannah Arendt. Elas matam o mistério, porque racionalizam as verdades existenciais e as jogam numa dimensão ideal, transcendente. Foi por isso que o excesso de racionalização sobre o Mistério levou ao assassinato de Deus. É óbvio que também permaneço no horizonte das teorias, dos tratados filosóficos e teológicos, mas não quero me prender a eles. Farei reflexões filosóficas e teológicas acadêmicas, mas a forma de lidar com elas, existencialmente, agora é outra. Por isso venho dizendo que estou transfigurado e ninguém me entende. Olham-me como se eu fosse um bobo; como se eu estivesse 'fora de mim'. Ei, ficou muda? Tá parecendo Zacarias que emudeceu? Você ainda está aí? Alzirinha? Bem, vou reler a carta de meu pai. Nos falamos depois..."

A conexão caiu. Não fui eu, não foi ela, talvez, já utilizando as condições cibernéticas, fosse o anjo Gabriel que, calando sua voz, interceptou esse diálogo racional para que ele não atrapalhasse o tom de minhas cartas que, para mim, fazem também parte dos planos de Deus...

***

Eu não me aguentava de sono quando abrimos o portão da garagem às 23h. Tirei todas as "tralhas" do carro, como diz a mamãe, pus o pijama e caí na cama. Tinha prometido a mim dormir até as sete, para depois trabalhar no jardim e fazer um agrado à mamãe. Mas não é que me vi acordado de novo às 3h da manhã, no mesmo horário de ontem, como que puxado pela sua mão e encaixado na cadeira de fronte ao computador! Desse jeito, não vou além das pernas e preciso estar bem para cuidar nos próximos anos da mamãe. Você está vendo que não são fáceis, não, esses primeiros dias de ressurreição! É muita emoção conjunta. É bonito de se ler nos evangelhos a cena sobre o domingo, após a crucifixão: as mulheres indo juntas ao túmulo, etc. e tal… Mas eu me pergunto como deve ter-se cansado a Maria Madalena correndo de lá para cá, eufórica, para anunciar o evento aos outros apóstolos. Depois, é só ver no quarto evangelho a correria de Pedro e João. É isso aí, Jesus ressuscitado pôs todo mundo para correr! Com Ele não teve nada de ficar parado, não! Creio que corpo ressuscitado anda feito a velocidade da luz, por isso que a gente, que ainda não passou a esse plano, fica meio "baratinado", creio eu. É bom lembrar-lhe de que a gente continua aqui neste estado de corpo/espírito tudo junto, na velocidade do som! Enfim, é somente uma observação. Veja se você se coloca um pouco no meu lugar, a exemplo de como me coloquei no seu, no dia da Festa da Transfiguração, quando fui lá para a garagem chorar. Passada a sua missa de sétimo dia, a gente vai parar, entrar num acordo e organizar os ponteiros de nossos relógios, pois certamente o seu não anda como o meu. Para quem anda na velocidade da luz, o tempo é relativo, mas minha relação com ele ainda é absoluta, entenda bem!

Mas deixando de lado as lembranças do que me restaram das aulas de física, queria lhe dizer que, para mim, o dia de ontem teve um gosto especial. Foi muito duro, pela manhã, ir ao encontro da mamãe que arrumava o meu quarto que antes era o de vocês; ver, na mão dela, o relógio que lhe dei, creio que no final do ano passado. Era mais leve que o antigo. Mamãe me havia dito que o seu era muito pesado e que seu braço fraquinho não aguentava mais carregá-lo para lá e para cá, quando você percorria os espaços da casa com seu andador. Lembro-me de ter ido a uma loja, de ter visto os diferentes modelos e preços; do momento em que o experimentei para ver se era mesmo levinho no pulso. Quando ela me mostrou o relógio, não me contive e chorei e a abracei. São muito duras essas ressignificações. Cada lugar, cada sentimento, cada objeto lembra sua presença física e isso é muito doído. Ontem, fizemos ao menos três ressignificações significativas (coloquei as duas expressões uma ao lado da outra de propósito, para dar o peso devido a essa ação).

Depois, saímos em direção a Caraguatatuba. Após sua queda, era a primeira vez que voltávamos para lá. Sabia que ia ser duro, mas tínhamos que enfrentar cada etapa com bravura, e mamãe sabia disso tanto quanto eu. Ela é muito corajosa; afinal, não somos da raça dos leões? Ao passar por Arujá, para dar comida ao Thor e à Mel, abrindo a porta, ela estremeceu e caiu em prantos. Ela olhou direto para a cadeira da sala de televisão, que fica ao lado do vitrô decorado, pertencente outrora ao antigo casarão que abrigava a clínica de psicologia da PUC-SP. Quando o comprei numa casa de demolição, nem sabia que era uma das três peças que compunha o motivo que narrava a celebração da primeira missa no Brasil. Fiquei com o pequeno vitrô que mostra uma das caravelas. Pois bem, quando ela olhou para essa cadeira, ao lado do dito vitrô, e a viu vazia, sem sua presença ali, diante da televisão, como você gostava de ficar horas a fio, ela me disse: "Ai, ele não está mais lá!!!". É incrível o que acontece com a gente nesse momento de luto: a mente sabe, mas o corpo não. Há um choque contínuo entre sentimentos e razões, por isso que havia dito anteriormente que é muito duro esse tempo das ressignificações!

Pegamos a estrada e, por cada lugar mais expressivo que passávamos, como a Igreja da Rosa Mística, na Rodovia dos Tamoios, onde vez por outra você tinha parado para rezar, lembrávamos de você e uma lágrima pendia de nossos olhos. Sentia que você estava e não estava ao mesmo tempo entre nós, nesse misto confuso de sensações que certamente perturbou Maria Madalena no dia da Ressurreição, como mostra o Evangelho de João. Percorrer aquela estrada, diferentemente de outros tempos, pareceu-me um verdadeiro suplício. Tanto mamãe como o Tato e eu, a havíamos percorrido inúmeras vezes, indo passar ou as temporadas ou os feriados em Caraguá. Você mesmo havia nos dito que a gente se torna um pouco escravo e dependente quando se constrói uma propriedade de veraneio. A gente acaba não conhecendo outros lugares. Mas nunca lamentamos isso, pois aquela enseada de Caraguatatuba e seu espaço molhado até Ilha Bela era como nosso pequeno santuário. Foi por isso que, ontem à tarde e diante do mar, pensei em espalhar suas cinzas numa das praias dali. Nesse espaço, conjugando céu, terra e mar, cultivamos doces lembranças como o barulho dos seus amigos chegando de madrugada para mais um dia de pescaria; o ruído do arrumar as varas e as carretilhas de pescar; o tilintar das xícaras vertendo o cheiro e a fumaça do café fresquinho que a mamãe preparava antes de vocês saírem para o mar; o barulho do ferro da carreta engastando no engate do seu carro a lancha comprada com tanto sacrifício e carinho; esses barulhos todos chegavam de novo aos meus ouvidos como chegavam, naquela época, à cama em que dormia, ao lado da janela, no quarto ao lado do seu. Num emaranhado de sons, provindos de lembranças e ocasionados pelas ondas branquinhas que se derramavam diante de mim, eu quase dormi, como se fosse, tudo isso, uma doce cantiga de ninar. A *berceuse* não durou mais que alguns minutos. O vento frio cortava meus pensamentos e fazia, de novo, meus olhos mirarem o verdor do mar.

Pois bem, foi a esse santuário que nos dirigimos ontem pela manhã. Por um desses momentos em que a gente sente a mão de Deus dirigindo nossos caminhos, comecei a falar macio para mamãe do "bilhetinho" que escrevi para ela na manhã do sábado, véspera de sua morte, no dia em que tivemos, ao meio-dia, aquela troca de frases cortantes. Esse bilhete, conciso e lancinante, escrito com um misto de raiva e alegria, havia desvendado o mistério que me roçara e me incomodara profundamente por quase quarenta e poucos anos. Falo do distanciamento que marcou minha adolescência, do distanciamento entre mim e você, papai. Falei, como se o lesse à mamãe, dos passos contidos no bilhete. Eu os sabia de cor. Na narrativa, percebi que não havia a raiva, mas a serenidade que acompanha o momento seguinte à resolução do mistério. Doravante ninguém me separaria mais de você, muito menos ela, pois, ao me libertar, libertei-a também. Ela me ouviu silenciosa, mas não com o mesmo semblante e o mesmo pesar que nos acompanharam até o cemitério em que foi velado o Tio Umberto, na mesma sexta-feira e no mesmo local em que fomos enterrar também o Nenê/Edelcio. Ela me ouviu serena e compenetrada. Tia Idalina, que escutava tudo, como testemunha, no banco de trás, não ousava interromper aquele monólogo, que ela sabia ser decisivo para nossas vidas, inclusive a dela, pois desde que se separou do marido ela passou quase a viver definitivamente entre nós. Foi um momento de graça para mim, mas também senti que para ela. A mesma cumplicidade que vivemos, eu e você, papai, por anos a fio — caminhando um ao lado do outro, em suas constantes idas a laboratórios, consultórios médicos, hospital, a um e outro passeio —, eu sentia que se apresentava como possibilidade concreta entre ela e eu, e isso me deu paz ao coração. Certamente, vou lhe entregar o "bilhetinho", mas sei que isso não lhe soará como agressão, como soaria se eu lho tivesse passado nua e secamente, sem a ternura de minha voz. Não havia nessa narrativa nenhum tom ressentido, muito menos o espectro de um esperado acerto de contas. Antes, a menção da concretude do bilhete significava o valor sacramental de três folhas de papel selando uma relação que, doravante, já não será a mesma.

Ao chegarmos ao novo portão da casa, pois ela havia sido reformada, D. Sílvia nos recebeu entre lágrimas. A última vez que nos vira fora na segunda-feira, após o primeiro final de semana que vocês gozavam, após a tão aguardada reforma. Na terça-feira pela manhã, eu o levaria ao hospital, dando início ao seu longo calvário. Pois bem, mamãe desceu e a abraçou. Não conseguia dar um passo. Creio que veio à sua mente cada minuto, cada gota de suor dedicada à construção daquela casa. Foram inúmeros os sábados vividos num chamado "bate e volta" para acompanhar a obra e pagar os operários. Lembrou-se, certamente, da compra tão apertada dos móveis e do final de semana em que os trouxemos no caminhão da carne, seu instrumento de trabalho, naquela firma de distribuição que você constituíra e se esforçara por mantê-la ao longo de toda uma vida. Mamãe sabia que o sacrifício não fora em vão. Aproveitamos muito daquele espaço. Mas sei que, depois de 59 anos de vida em comum (cinquenta e sete de matrimônio e dois, entre namoro e noivado), lhe parecia estranho entrar ali sem a companhia de seus passos, como me havia dito, entre lágrimas, no jardim da casa de Arujá. Ela queria ter entrado ali com você uma vez mais e, acredito, da mesma forma com que entraram jovenzinhos na Igreja Santo Antônio do Pari, tal e qual como no dia do matrimônio de vocês. Eu a senti completamente perdida, como se seus passos fossem os dela. Retirados os seus, consequentemente, lhe roubavam os dela. Sem seus pés ao seu lado, ela andava insegura. Essa cena pinçou-me o coração. Ela percorria o grande terreno, com as árvores frondosas, e parou para observar a grande mangueira, em florada, que você plantou e adubou com sal e dez quilos de carne! Bons tempos aqueles, não, papai?

Não as acompanhei ao almoço. Troquei de roupa e pus uma bermuda, uma camiseta e um par de sandálias nos pés. Coloquei a cadeirinha de praia no porta-malas do carro e me dirigi à praia Martim de Sá. Ela tem um colorido especial para mim, não somente porque ali passei longas e boas temporadas de sol e mar; mas porque, a essa praia, você trazia também seu barco para que nós pudéssemos com ele nos divertir. Sua lancha era para todos. O Tato a enchia de amigos e, vez por outra, se perdia com ela para namorar. Boas recordações passaram por minha mente ao olhar aquela paisagem que conheço como a palma de minha mão. Lembrei-me dos amigos, das antigas namoradas, dos dias lindos em que passamos juntos e do seu sorriso de satisfação por poder nos proporcionar tudo isso. Não suscitava o mesmo brilho em meus olhos, como no dia em que fez a barraca somente para mim, mas me trouxe a contemplação de alguém generoso, que sentia prazer em proporcionar alegria às mulheres da praia, que vinham com suas bacias vazias para receber, agradecidas, os peixes que você lhes distribuía de graça e com tanto prazer, como fez Jesus no dia da multiplicação dos pães (cf. Jo 6,1-15).

Ao pensar em tudo isso, lágrimas jorraram de meus olhos e me vi agradecendo a Deus por tudo o que havia se passado nos últimos dias; agradeci a você, como agradeci, na terça-feira seguida ao seu velório, as irmãs da Congregação de Nossa Senhora Menina, que trabalham e trabalharam, anos a fio, no mesmo hospital em que você veio a falecer. Foi um misto de recordação, dor e prazer atravessando e apertando o meu peito. Comi uma porção de peixe "porquinho" em sua homenagem. Tomei uma caipirinha como fazíamos quando seu corpo estava ali entre nós. Uma ausência doída que marcava, na mesma proporção, uma presença forte, fonte de toda essa recordação. Voltamos para o carro, seu espírito e eu. Olhei para o banco lateral, passei, no espaço oco, a minha mão atrás de sua nuca; fiz-lhe um cafuné e apertei o espaço de seus joelhos; deitei minha mão no vazio de sua perna e chorei. Doravante teria que me acostumar com outra forma de presença. E isso é doído e ao mesmo tempo prazeroso demais! Sabia que não era o fim, o nada. Tínhamos criado uma nova dimensão em nossas vidas. Não éramos mais os mesmos, estávamos transfigurados.

Edelcio

São Paulo, 10 de agosto de 2012.

(Um dia depois do Dia dos Pais.)

Oi, papai,

Bem, nós combinamos, mas parece que ambos acabamos quebrando o trato. Não poderíamos deixar de registrar o dia de ontem, não é mesmo? Eu sei que vão achar tudo isso mais um sinal de loucura da minha parte, pois recomeço a trabalhar normalmente no dia de hoje. A agenda promete ser bem pesada. Certamente, só voltarei para casa bem tarde da noite. Realizarei a celebração eucarística no final da tarde, abrindo o semestre letivo, e aproveitarei a ocasião para rezar por todos os pais falecidos e honrar obviamente sua memória, junto a tantos alunos que rezaram por sua recuperação no final de junho passado. Se a mamãe e a titia me vissem agora, anunciando minha agenda nas cartas/encontros, certamente iriam aproveitar a ocasião e agendar também um psiquiatra para mim. Ainda bem que eu não estou em São Paulo, mas vim dormir em Arujá para pegar livros e dar comida para o Thor e a Mel, e assim elas não veem a hora em que acordo e começo a trabalhar. Elas estão também um pouco baratinadas, pois sabem do bem que foi para todos nós as leituras destas cartas, mas ficam um pouco receosas em relação a elas. Teve até brincadeira na família, dizendo que andava psicografando até mesmo antes de o meu pai morrer. Como teve toda aquela questão de "espírito" que abalou a tia Alice e sei que preocupou a Alzirinha, todos estão cuidadosos comigo. Por que acontece isso, hein, papai? As pessoas se apoderam dos termos, do vocabulário e os enquadram em seus regimes de verdade, de tal modo que, quem ousar se apoderar de um termo utilizado por elas e os aplicar num outro regime de verdade, parece que está cometendo um sacrilégio. Jesus mesmo não utilizou a expressão "espírito" em sua pregação na sinagoga de Nazaré, lendo um trecho do livro do profeta Isaías, inaugurando, segundo Lucas, o seu ministério? Lembra-se da passagem:

> O Espírito do Senhor está sobre mim. Porque ele me consagrou pela unção, para evangelizar os pobres;enviou-me para proclamar a libertação aos presos e aos cegos a recuperação da vista, para restituir a liberdade aos oprimidos e para proclamar um ano de graça do Senhor (Lc 4,18-19; cf. Is 61,12).

Pois bem, se Jesus pôde retomar a expressão do profeta Isaías "sobre mim", para dizer da proximidade do Espírito com a sua pessoa, por que eu não posso também sentir o espírito de papai em mim, animando-me a escrever e a refletir? Qual a diferença entre estar "sobre mim" ou "dentro de mim"? Por que Jesus pode sentir o Espírito Santo — que é um com Ele próprio e o Pai, embora distintos, formando uma unidade —, vir sobre Ele em forma de pomba e eu não posso, distinto de meu pai terrestre, ser um com ele? Ora, o espírito de Jesus, pelo que conta o evangelista João, atravessou as paredes, uma vez que "estando fechadas as portas onde se achavam os discípulos, por medo dos judeus, Jesus veio, e, pondo-se no meio deles, lhes disse: 'A paz esteja convosco!'" (Jo 20,19b). Ora, por que Jesus pode atravessar as portas, e o espírito de meu pai não pode atravessar-me também a mim, sendo distinto de mim? Afinal, batizado com Cristo, não estaria também ele, meu pai, já ressuscitado com Ele, não somente pelas verdades da fé, mas por tudo o que viveu e, ultimamente, sofreu? Por que Jesus pôde dizer ao bom ladrão arrependido: "Em verdade, eu te digo, hoje estarás comigo no Paraíso" (cf. Lc 23,43), e eu não posso dizer o mesmo para meu pai? Pelo que sei, ele nem era ladrão e já conhecia Jesus há muito mais tempo que seu amigo da última hora! Por que uma força como línguas de fogo pode vir sobre os discípulos e deixá-los repletos do Espírito Santo (cf. At 2,4), e eu nem posso falar no espírito de meu pai que agora é um em mim, sendo da mesma forma diferente de mim; que vive, em outro estado, em outro modo, mas dentro de mim? Por que os discípulos, também eles, foram julgados "embriagados" (cf. At 2,15) e, portanto, "fora de si mesmos", e eu não posso me sentir embriagado da inspiração de meu pai? Quem diz, então, o que pode ou não pode? Quem estabelece as regras para julgar essas apropriações? O Povo de Deus tem também essas questões, mas a gente acha que esses questionamentos fazem parte do mundo dos doutos, porque o povo não tem o instrumental para fazer uma boa exegese, e, portanto, incapaz de refletir "nessas alturas"! Achando que estamos esclarecendo o Povo de Deus com nossas verdades, às vezes estamos mais é abafando suas dúvidas, ao não discutir essas "loucas" questões. Quem é são? Quem é louco, neste caso?

Vê, papai, tudo isso não é simples. Veja o que você me arrumou: queria poder dizer como Jeremias: "Ah! Senhor Iahweh, eis que eu não sei falar, porque sou uma criança" (Jr 1,6). Mesmo que quisesse, não posso deixar de escrever e colocar todas essas questões, pois o Espírito de verdade de Iahweh, eu também o sinto sobre mim. Estarei eu louco? Julgar-me--ei, então, um profeta? Mas quem sou eu? Filho de D. Lina e Sr. Francisco, duas pessoas comuns; apenas isso, não tem nada de profecia, tem apenas pensamentos sobre pensamentos que encontraram "inspiração" (termo que tem raiz no vocábulo *spiritus*). Não é significativo que o verbo latino *inspirare* venha definido, como primeira compreensão, da seguinte forma: "Inspiro, as, avi, atim, are, v. intrans. e trans. Soprar em ou sobre; pass. Receber um sopro; 2º introduzir soprando; 3º Fig. Inspirar; mover, comover"¿[26]

Bem, papai, não quero transformar estes encontros em aulas, por isso, dei-me a possibilidade de abrir esse parêntese e escrever em forma poética o que ia dentro de mim, ajuntado em mim por todos esses anos e vindo à luz somente quando encarei a sua/minha morte. Não é interessante que eu tenha sentido essa vontade de exercitar a "escrita de si" no momento em que estudo os cursos de Michel Foucault¿ Não é interessante que eu me depare com a figura de Baudelaire no momento em que escrevo estas cartas e estudo o artigo *Qu'est-ce que Les Lumières* (O que são as Luzes¿) de 1984¿ Nesse texto, Michel Foucault apresenta o modo de ser e de se expressar do poeta maldito como verdadeira atitude moderna e inatual em relação a seu tempo. Não é uma coincidência que ele tenha escrito: *Mon coeur mis à nu* (meu coração desnudado)¿ O senhor sabe que eu havia escolhido o nome para este livro e que somente depois me lembrei da obra de Baudelaire. Creio que aquilo que roçava minha pele deve ter--se encarnado nestas cartas e encontrado o modo justo de falar sobre tudo o que se passa na mente de um teólogo que se quer contemporâneo. Creio que a exemplo de Baudelaire, lancei mão de metáforas para falar do que se passa no meu interior a respeito do que vejo no exterior, de forma desnuda. De repente, neste estado de "consciência ampliada", como diz a Neide, eu encontrei a mediação correta para expressar o que sinto e a perspectiva a partir da qual eu vejo o mundo e o interpreto. A Arte me salvou! A inspiração soprada dentro de mim por meu pai me salvou! Se Baudelaire foi tomado por Foucault como a "atitude" moderna, por excelência, eu, em minha "loucura", me dei a possibilidade de poetar colocando em meus textos questões atuais abusando das metáforas. No entanto, se ao artista é permitido pensar livremente, rompendo os parâmetros da academia, ao lançar mão de analogias e do criar fora das regras, enquanto teólogo e filósofo eu sinto que não. Por meio do delírio artístico eu faço a experiência do ser mais livre, mais feliz, e vejo as coisas com mais clareza. Paradoxalmente, enquanto filósofo e teólogo, não. O louco, por meio de suas metáforas, tudo pode dizer o que teólogo e filósofo "sãos" não podem!

Bem, lá vou eu de novo em minhas elucubrações, em meus pensamentos sobre pensamentos... Mas o que me motivou a escrever nesta madrugada não era nada disso, e sim o fato de reter as imagens e os ensinamentos de ontem, Dia dos Pais. Veja, papai, é o primeiro ano que nós passamos esse dia com você "em espírito", no meio de nós. Sua ausência era a presença marcante de todo esse dia. Mas você sabe que não teve peso algum essa ausência. Todos que estiveram ali nesse dia o honram, mas não lamentaram. Eu acabei me levantando cedo (5h), respondi a e-mails, paguei contas via *bankline* e me preparei para mexer no jardim da casa de vocês. Há muito, desde o Dia das Mães, eu não tocara nele. Já se haviam passado quase três meses e quis fazer um agrado para ela e, assim, à minha maneira, honrá-lo também, pois você sempre foi cuidadoso com a mamãe e com as coisas da casa. Depois da missa de ontem, diga-se de passagem, belíssima, com tanta gente querendo lhe render homenagem e sendo solidários comigo e com toda a nossa família, o Pe. Marcelo me liberou das celebrações do domingo para que eu ficasse com a mamãe. Aceitei, porque sabia que seria muito importante esse dia, já que era também o primeiro Dia dos Pais sem a presença do pai. O dia foi todo inteiro de oração e de homenagem à sua memória. Antes de descer para o jardim, comecei a separar alguns CDs que eram seus e peguei para mim particularmente os de óperas, alguns dos quais eu mesmo lhe presenteei. O Tato e a mamãe, que não gostam muito desse gênero de música, me deram a oportunidade de que eles retornassem para mim.

Às dez horas da manhã, antes de descer para trabalhar no jardim, fiz algumas compras para o almoço: tomates cerejas, rúcula, todo o necessário para aquela refeição, sem você, em sua homenagem. Eu mesmo me prontifiquei a fazer o molho do macarrão, com tomates cerejas, azeite, pimenta seca vermelha, alho e manjericão. Titia assou o frango e preparou os ingredientes da salada; a mamãe fez a farofa e as batatas a alho e óleo. De sobremesa, acabei comprando um grande *Tiramisù* para que, depois do almoço, ao saboreá-lo, fossemos "arrebatados aos céus" para estar um pouquinho mais perto de você. Feitas as compras, desci ao jardim e comecei a podar a palmeira, refiz os canteiros da parte esquerda de quem olha da casa para a rua, cortei a grama, podei os pingos-de-ouro, que servem de separação entre o pequeno e o grande espaço dessa área dividida em copos-de-leite e lírios da paz. Do lado pequeno plantei as gazânias, onze-horas e outras flores de que não sei bem os nomes, mas das quais contemplo a beleza. Do lado maior, apenas podei os pingos-de ouro e arranquei as folhas velhas dos copos-de-leite e dos lírios da paz. Quem cantava nessa hora, no CD, era o Plácido Domingo. Você gostava mesmo dele! Encontrei mais de vinte CDs somente dele espalhados entre sala de TV, escritório e porta-luvas de seu carro. Depois, limpei, na companhia da mamãe que veio me ajudar, toda a parte esquerda do jardim. Embora estivéssemos concentrados em nossos afazeres, meditando como os discípulos de Emaús os últimos acontecimentos daqueles dias, mamãe teve um recaída, como tiveram os discípulos que não reconheceram Jesus: "Abaixa um pouco o volume". Certamente não porque estivesse muito alto, pois ela está escutando cada vez menos, mas por causa dos vizinhos. Creio que ela pensou: "O que eles vão pensar? O pai nem bem esfriou e eles já estão nessa cantoria e arrumando a casa!". Eu fui e abaixei o volume. Porém, como que caindo em si, quase dizendo como os discípulos de Emaús: "Permanece conosco, pois cai a tarde e o dia já declina..." (cf. Lc 24,29), disse-me ela: "Mas assim você não ouve!". E lá fui eu aumentar ao mesmo nível o volume do CD player. Pequena fala e pequenos gestos que demonstravam um movimento em direção a um modo novo de ser: ela também compreendeu que era tempo de olhar para nós não mais a partir dos olhos de fora, dos vizinhos, mas do de dentro, a partir do nosso amor reverenciado a você, papai. O Tato e a Rosana chegaram para pegar o carrinho de feira e fazer algumas compras para a mamãe. Tia Idalina finalizava o almoço, mamãe me ajudava no jardim. Quem cantava agora era o Charles Aznavour. Depois do almoço, quem nos acompanhou no trabalho foi a Maria Betânia dos tempos do *Carcará*, anos 1968/70. Iniciamos os trabalhos do outro canteiro. Estávamos serenos. O trabalho só não foi perfeito porque meu dedinho do pé direito começou a doer muito. Eu havia tomado emprestado o seu par de sapatênis, que lhe dera de presente, pois você não parava de ficar olhando para os meus. Agora compreendo o porquê de você ficar feliz quando, um ano depois, eu lhe dei de presente um par desses tamancos emborrachados que a moçada adora, na cor preta. Foi sua libertação! Como machucaram os meus pés esse par de sapatos, e eu o calcei somente por cinco horas! Você o calçou o ano inteiro. A gente nunca sabe onde aperta o pé, se não calçamos os sapatos do outro, não é mesmo, papai?

Terminada a manutenção do jardim que, modéstia à parte, ficou muito bonito – com a colocação, no lado direito do jardim, de *empatiens* e flores branquinhas que comprei em Arujá, especialmente para plantar no jardim da casa de vocês –, passamos a podar todas as orquídeas parasitadas nas palmeirinhas e limpamos suas raízes velhas, pois agora é tempo de raízes novas! Lavamos tudo e subimos exaustos. Depois do banho, a mamãe e a titia prepararam o café da tarde. Logo em seguida chegaram o Tato, a Rosana e a Bianca. Estávamos juntos como há muitos anos não o fazíamos. O clima era sereno e de pequenos gestos de atenção. Parecia que havia um movimento de prestar mais atenção no outro, porque, nesses dias, papai, por sua causa, cada um começou a refletir melhor sobre a forma como estavam "cuidando de si" e, consequentemente, sobre o espírito que os animava em seus afazeres, implicando num bem ou num mal para a vida do outro. Havia no ar uma serenidade que há muito se apartara de nós. A Rosana, mais atenta às necessidades da mamãe, deu a impressão de saber que, agora, ela precisaria muito de nós. Se esse clima vai durar? Não sei. Só sei que, para ele permanecer, vai depender de um esforço cotidiano de cada um.

Dessa forma, papai, concluo esta carta/encontro, a sétima, fora o bilhete que lhe escrevi e pus debaixo do travesseiro lá na UTI. E se é verdade que sete é o fechamento de um ciclo, pois sete são os dias da semana, então que estejamos abertos a construir um novo! Feliz dia *pós* Dia dos Pais, papai.

Grande beijo,

Edelcio
São Paulo, 13 de agosto de 2012 (4h21).

(Bilhete)

Oi, papai,

Hoje não vou marcar nenhum encontro, como prometi na vez passada, mas não podia deixar de registrar os últimos acontecimentos e escrever sobre eles a você. Está sendo muito duro deixar a *Montanha da Transfiguração* na companhia de Jesus e na sua, sim, porque Moisés, Elias, Pedro, Tiago e João, por pudor, deixaram-nos a sós. A volta ao sopé, na segunda-feira, foi estressante, não só porque tivemos um encontro às 4h, mas porque precisei retomar as atividades normais e forçar um movimento contrário ao que pede o coração, o que não é simples, não! A razão é que deve, agora, dar a última palavra. Assim diz ela: "O tempo das emoções é muito descontrolado; para o bem e felicidade de todos, é melhor retomar as coisas da forma como estavam". Certo, é preciso voltar às atividades de praxe, mas isso não quer dizer que as retomemos da mesma forma que antes. Não é possível fazer as mesmas coisas da mesma maneira quando se está transfigurado. Certamente, elas serão e não serão as mesmas. Heráclito tem razão: "Não se pode entrar num mesmo rio duas vezes". Ainda que a realidade ao meu redor, aparentemente, seja a mesma, com suas exigências e densidades próprias, eu certamente não sou o mesmo, pois me sinto diferente de mim mesmo.

Pois bem, papai, ontem, terça-feira pela manhã, comecei a colocar em ordem as pastas das disciplinas que irei lecionar no Curso de Teologia, separei os textos e revi os programas; realoquei os livros utilizados nestes últimos dias em suas respectivas prateleiras. Preparava-me para pagar algumas contas, quando vi, via e-mail, a nota do falecimento do pai de Pe. Bison. Ele estava internado, coincidentemente, no mesmo hospital que você. A entrada dele na UTI coincidiu com a sua. Ele saiu primeiro que você de lá e foi para o quarto. Mas você o precedeu no céu. Então, o receba aí com carinho. Se ele estiver bem das pernas, então o convide para uma pelada com você e com o tio Umberto no Campinho de Deus.

Não sei se ele é bom jogador. Pergunte para ele ou o coloque no gol, como faziam comigo quando eu era pequeno. Não dá para não enturmá-lo, uma vez que ele é também meu amigo. Fui visitá-lo uma vez no quarto com o Pe. Bison.

Aliás, ele foi bem lembrado na missa de ontem à noite, na vigília da festa de Nossa Senhora d'Assunção, celebrada pelo Sr. Cardeal na Faculdade de Teologia, dando início ao segundo semestre letivo. A celebração, animada pelos alunos, foi bem serena. Ou será que sou eu que ando sereno e projeto isso em tudo o que vejo? Bem, não importa, o que importa é que as leituras eram muito bonitas. A leitura do evangelho relembrava o verdadeiro sentido da família de Jesus, mas foi a segunda a mais contundente. São Paulo dizia: "Ó morte, onde está sua vitória, onde está o seu aguilhão?". O Cardeal situou o sentido da festa da Assunção de Nossa Senhora como prenúncio de um estado de glória para todos aqueles que, a seu exemplo, acolhem a Palavra de Deus (o Verbo) e a fazem germinar em suas vidas, tal qual Jesus germinou no ventre de Maria.

Ouvi a homilia do Sr. Cardeal com muita serenidade e alegria, pois não podia ser diferente, não é, papai? Afinal, esse é meu estado atual. Sorvi com maior interesse suas palavras, pois elas iam ao encontro de tudo aquilo que eu havia vivido na carne no último mês. É deveras delicioso ver a Palavra se tornar carne em nossas vidas, não é mesmo? Tenho contemplado e vivido esse fato cotidianamente e, por isso, tenho também certa sensação de prazer e de realização, pois os mistérios envolvendo os dados de fé da encarnação e da ressurreição têm um novo e mais profundo significado para mim. Tudo é uma questão de carne; de narrá-los com sangue. Creio que foi por isso que, à tarde, ao passar numa grande livraria, adquiri dois livros: um do filósofo italiano Giorgio Agamben, intitulado *Nudez*, com uma série de ensaios, contendo, inclusive, o texto "O que é contemporâneo?", que utilizei para a carta ao tio Umberto, lida na missa de sétimo dia da morte dele; e outro, do filósofo francês Merleau-Ponty, *O visível e o invisível*, pois trata da fenomenologia da percepção e do conceito "carne".

Assim, papai, quase terminou o dia. Ainda articulei a pasta de "Problemas Filosóficos e Teológicos Atuais", disciplina que lecionarei ao quinto ano e cujo conteúdo transversal será sobre a liberdade de buscar a verdade. A mamãe e a titia haviam feito uma canja, de que eu gosto tanto. Conversamos um pouco sobre como foi o dia. A mamãe me disse que a D. Dora, a vizinha, viúva do Sr. Nelson, veio tomar café da tarde em casa e conversar um pouco. Que bom que a mamãe está reagindo! Na quinta-feira, ela vai tirar uma nova carteira de identidade. Simbólico, não? É preciso se refazer, depois do acontecimento que a abateu, até nos documentos! Mas isso já estava previsto; porém, somente agora se realizou. Nova vida, novos rumos, não é, papai?

> Portanto, quando este ser corruptível for revestido da incorruptibilidade e este ser mortal for revestido da imortalidade, então se cumprirá a palavra da Escritura: A morte foi engolida pela vitória. Morte, onde está sua vitória? Onde está seu aguilhão? (1Cor 15,54-55).

Bjs.

Edelcio
São Paulo, 15 de agosto de 2012.
(Festa da Assunção de Nossa Senhora).

Oi, papai,

Puxa, já faz um bom tempo, creio eu mais de quinze dias, que não nos encontramos para conversar, não é mesmo? Mas como fazê-lo se a correria destes últimos tempos foi intensa? Não foi fácil descer do Tabor, a montanha onde se deu a transfiguração do Senhor. Como lhe disse, já havia vivido algo parecido quando pensei em entrar no seminário, mas não com tamanha intensidade. Agora entendo melhor a resistência de Pedro em não querer voltar para sua gente. Voltar para o lugar comum, quando você está transfigurado, mas sem que as pessoas ao seu redor o estejam, nos causa um profundo incômodo, para não dizer uma frustração, um antigozo.

Hoje eu me encontro com você, mas agora minha percepção a respeito de que parte do espaço você está ocupando se apresenta um tanto confusa. Não consigo percebê-lo nem no sofá da sala da frente, defronte à mesinha de jantar, nem ao meu lado, numa das quatro cadeiras que a rodeiam. Será que é porque o que restou de você se encontra na estante da sala de televisão, entre as imagens de São José e Nossa Senhora do Carmo de que você tanto gosta? Espero que tenha lhe agradado o pequeno oratório que a mamãe, a titia e eu montamos, tendo o busto de Cristo numa das estantes acima, como que velando sobre a caixinha que preparamos com carinho para depositar as suas cinzas, até o dia em que as lançaremos ao mar. Talvez por isso você não esteja tão à vontade aqui ao meu lado, porque parte do que você foi ainda se encontra do outro, bem defronte onde me encontro agora, mais especificamente na salinha de televisão. Tudo muito digno, como digna foi a sua vida em corpo e espírito, com toda aquela sensação espiritualmente corpórea que deu tanta confusão.

Bem, esse encontro é um misto de vontade de falar com você, de queixa, de protesto ou mesmo de meditação: um pouco de tudo, creio eu. Por isso a percepção de que você está ao nosso lado, e em determinado momento não, deve se refletir até mesmo na maneira como falo com você. Ora o sinto ao meu lado, ora não. Sei que essas sensações não trazem nenhuma marca de reflexão mais aprofundada sobre o que elas significam e em que estado, teologicamente falando, você deve estar. O que sei é que o fato de suas cinzas estarem em casa provocou um turbilhão de sensações, requerendo nova ordenação no pensamento e nas emoções. Por isso, essa aparente desordem na ordem que você, em espírito, deve ocupar em nossas vidas. Pelo menos, as nossas noções de física não valem mais para o plano que você ocupa, uma vez que ouvi do Tato, por telefone, que ele conversa todos os dias com você, tal como eu, embora ele esteja vivendo a 500 km daqui. Enfim, é algo para pensar posteriormente, mas que, neste momento, se o fizer, interceptarei toda a possibilidade de externar o que sinto. Então, para que essas impressões sejam registradas e que eu possa refletir mais tarde sobre elas, prefiro quebrar toda a lógica e deixar fluir esse emaranhado caótico de percepções.

Sendo assim, uma vez que não sei se você sonda, como Deus, os nossos corações (cf. Sl 139[138]), posso lhe afirmar que estes últimos dias têm sido bem duros, principalmente para a mamãe e para mim. Quero lhe expressar o sentimento que tive na segunda-feira pela manhã, depois da reunião com ela, o Tato e a Rosana a respeito da abertura do inventário no domingo à tarde. Nesse dia, não tivemos a mesma serenidade que nos acompanhou no Dia dos Pais. Relacionar com equilíbrio os interesses financeiros e os laços familiares é um aprendizado que necessita de muito discernimento e boa vontade de todas as partes, não é mesmo, papai? Tenho que dar a mão à palmatória e reconhecer que em certos casos a objetividade da lei nos ampara, sobretudo quando a percepção de um é incapaz de se deslocar e olhar as coisas a partir da percepção e da perspectiva do outro. Você manifestou a sua em testamento, e tenho certeza com muito discernimento, selando o companheirismo que o uniu à mamãe ao longo de cinquenta e sete anos. Esse companheirismo amainou todas as antigas tensões, causadas pelos apelos das paixões, como tão bem expressa a canção *Años*, cantada brilhantemente por Mercedes Sosa e Raimundo Fagner. Não podemos, agora, por causa dos apelos das nossas paixões, invalidar sua vontade testamentada, não é verdade? Nesse caso, falar ou escrever algo e, em seguida, partir para outro plano de vida tem a vantagem de não poder se ver contestado nem mesmo ser presa de jogos emocionais. Não é maravilhoso perceber que a morte tem lá também seus benefícios?

Assim, na segunda-feira pela manhã, a volta ao mesmo lugar em que deixamos seu corpo nos causou certo desconforto, como deve causar a todas as famílias que para lá se dirigem uma segunda vez por causa de uma mesma pessoa. Esse desconforto se deveu não somente ao fato de revivermos os mesmos sentimentos, mas de constatar o *bizarro* da situação em que nos metemos. Ao entrar na ala principal do crematório, notamos uma pequena papeleta sobre a qual estavam assinalados a direção e o local da retirada das cinzas, com a inscrição: "porta-balcão". De balcão, como vimos, a porta não tinha nada, a não ser o fato de que era partida em duas. A parte de cima dançava sobre a de baixo, impulsionada pela força do vento. Inútil divisão, pois a mesma, composta de metades, se encontrava totalmente aberta. Essa

abertura nos permitiu ver uma mistura de objetos desloca-
dos. Por ela, dava para avistarmos, ao fundo, o forno micro-
-ondas destinado certamente a esquentar alguma marmita,
colocada nesses potinhos plásticos que, uma vez aquecidos
por esse sistema, deixa a comida nociva à saúde. Sei que
para quem lida com "o fim" todos os dias, os objetos que
estão ligados à vida cotidiana são necessários para distraí-lo
da presença sempre incômoda da morte.

Vimos também duas pequenas caixinhas, uma menor,
de madeira, apoiada irregularmente sobre a outra, de cobre,
ambas colocadas sobre uma mesinha situada entre a "porta-
-balcão" e uma espécie de cozinha avistada ao fundo. Essas
caixinhas eram quadradas e pálidas. Nelas não havia nada
que lembrasse a sinuosidade das curvas nem o colorido próprio à beleza da vida. "Tudo deve ser cinza ou pálido", parece dizer o ambiente; palidez essa interceptada pela presença
das coroas displicentemente recolhidas e jogadas nos grandes *containers* de lixo, a serem descartadas ou rapidamente
transportadas para a floricultura mais próxima, com o objetivo de serem revendidas, dependendo obviamente do estado em que se encontram as respectivas flores. Ao lado dessas duas caixinhas menores, havia outra, um pouco maior,
de cor preta, mais parecida com uma frasqueira, contendo
uma urna em cobre ou bronze, agora não sei bem, toda trabalhada em arabescos. Ela trazia em si certa dignidade, mas
também certo pesar. Pelo aspecto, dava para concluir que,
caso o conteúdo fosse lançado ao mar ou sobre um jardim,
sua forma em ataúde delataria uma total ausência de ser-
ventia, a não ser aquela para a qual se propunha. Bem, é
certo que para minhas tias, e penso que para minha mãe
também, não seria possível reaproveitar nenhum recipiente,
por mais belo que fosse, se ele já havia sido destinado ao

recolhimento das cinzas. Talvez, por já estar ciente de que essa é a opinião geral, chegou um senhor que nos recebeu, o mesmo que mais tarde me entregaria suas cinzas. A presença desse recepcionista era tão descabida quanto descabida era disposição dos objetos que se encontravam na sala ao lado. Um cheiro de álcool exalava de suas narinas ou de sua pele, não sei bem, no momento em que lhe entreguei o papel requerendo as cinzas. Não estou certo de que você, papai, tenha percebido, uma vez que não sente cheiro. Ou será que, agora, passado para outro plano, você já recuperou seu olfato e aprimorou seu paladar, prejudicados no passado pelas seções de radioterapia? Bem, se houve isso, então deve ter sentido também o odor que pairava no ar, percebido também por outra senhora que acabara de chegar, a fim de resgatar as cinzas de um parente seu. Minha tia, mais tarde, me disse: "Ela também notou o estado 'embriagador' do recepcionista, uma vez que me perguntou se ele estava alcoolizado". No estado em que se encontrava, o rapaz nem deve ter percebido o nosso constrangimento. É bem verdade que somos conscientes de que essas pessoas ganham muito pouco para um serviço que exige muito espiritualmente e, talvez, o fato de beber seja uma forma de esquecer essa e outras vicissitudes da vida; porém, para aqueles que vão buscar o que restou de um corpo querido, essas cenas eram no mínimo lamentáveis.

Em meio à bizarrice do quadro, eu tentei aliviar o constrangimento de todos para não deixar a mamãe ainda pior, uma vez que eu notara o seu mal-estar, pela mudança brusca de seu semblante. Tia Idalina ficara um pouco atrás, num respeito silencioso. De minha parte, ao contemplar o todo da cena, receava pelo que poderia ainda vir. Meus temores não eram infundados. O rapaz, serelepe, chegou com duas pequenas sacolinhas de papel branco penduradas em seu braço esquerdo, como uma dessas que levamos para casa ao comprar uma gravata ou um par de meias num *shopping center* qualquer. Elas procuravam dar a impressão de certa dignidade, uma vez que não eram de plástico. Atordoado que estava, o recepcionista ainda titubeou ao repassá-las a cada um dos familiares. Eu, papai, que esperava receber suas cinzas numa pequena caixa, digna e sem luxo, me vi com o que restara de seu corpo embalado num saco plástico, grampeado e inserido numa das ditas sacolinhas. Tive um choque! Mamãe era só o pó. A mesma materialidade que se encontrava no saquinho eu a percebi no semblante de mamãe.

Para amenizar a situação, tentei ver a possibilidade de adquirir uma daquelas caixinhas que, obviamente, estavam supervalorizadas. A especulação pecuniária não deixa passar nenhuma oportunidade de lucro, ainda mais quando os sentimentos estão aflorados e a razão e o discernimento, ofuscados. De repente, a lucidez começou a vir, não de minha parte, mas da parte do rapaz serelepe plantado diante de mim. Em meio a gestos um tanto espalhafatosos para o momento e para o ambiente, ele tentava me dissuadir de comprar uma das ditas caixinhas. Óbvia e pragmaticamente, ele pensava na inutilidade da compra, uma vez que elas seriam descartadas logo depois de as cinzas serem despejadas num lugar qualquer. Tentei ainda negociar, mas sem sucesso. A situação era tão constrangedora que me dei por vencido e comentei baixinho com a mamãe: "Vamos embora e compramos no caminho uma caixinha com a dignidade que o papai merece". Saímos dali meio tontos e arrasados. Na verdade, eu estava acabado, mas não impressionado. Como poderíamos vivenciar um cuidado maior com aqueles que ali chegam, se a sociedade em que vivemos é marcada constantemente pelo descaso em relação à condição humana, sobretudo dos mais pobres? Aquilo tudo não passava de um indicativo da falta de cuidado de si que se reflete na falta de cuidado dos outros. Creio que o senhor, papai, certamente notou o semblante da mamãe ao me ver andando com suas cinzas numa sacolinha de papel. Mamãe chorava; titia, em silêncio, a acompanhava. Eu a abracei e ela, sem o saber, recitava à sua maneira um dos versículos do livro do Eclesiastes: "Veja no que nos tornamos: pó lançado ao vento" (cf. Ecl 1,11). Tantas brigas, tantas discussões, para que no fim nos tornemos todos assim: farinha de osso, reles poeira. "Vaidade das vaidades – diz Coélet [o homem da assembleia] – vaidade das vaidades, tudo é vaidade" (Ecl 1,1).

Recompondo-nos pelo caminho, abrimos um cortejo solene para transportar suas cinzas até o carro.

O que restou de seu corpo foi colocado com cuidado no tapete atrás do banco do motorista, uma vez que tive receio de que o saquinho contendo suas cinzas tombasse do banco detrás. De repente, me vi com a sensação de que tudo realmente mudara. Você já não ia mais à frente comigo no carro. Ao lado, ia a mamãe, chorosa. Atrás do banco dela, a titia, e atrás do meu, você inteiro em cinzas. Eu já nem conseguia mais me organizar espacialmente. Mas, também, como fazê-lo se tudo em meu interior estava numa reformulação molecular, como se buscasse uma nova ordem pelo aquecimento dos sentimentos? Ainda bem que eu estava de óculos escuros, assim mamãe não podia notar as lágrimas que jorravam de meus olhos. Eu as engolia uma a uma como tive que engolir todo o constrangimento anterior, para não jogar por terra o pouco de dignidade que restara daquele ambiente nada acolhedor.

Ao sair do crematório, lembrei-me de uma loja de presentes na Avenida Álvaro Ramos, bem próximo à Igreja Nossa Senhora de Lourdes, no bairro da Água Rasa. Minha intenção era encontrar uma caixinha bem bonita e, ao mesmo tempo, mais leve, no peso e no pesar, a fim de retirar suas cinzas daquele incômodo saco plástico e, depois, feita a compra, irmos até a Igreja para rezar. Não eram suas cinzas que me incomodavam, você bem sabe, papai, mas o invólucro que as continha. Olhamos tudo o que havia, mas nada me parecia adequado, até encontrar, por detrás de tantos objetos de decoração, uma caixa, feita de plástico escuro e consistente, cuja tampa, em aço escovado, era projetada para exibir uma fotografia. O design era bonito. Ao abri-la, deparei-me com outra caixa em seu interior, contendo ainda, uma dentro da outra, mais três outras caixinhas, do mesmo material e do mesmo formato, só que em tamanhos menores. Era mais ou menos o que eu desejava encontrar. Por ser a última, acabei por pagar a metade do valor da caixinha pequena e de madeira que me ofereceram no crematório, mas que não seria suficiente para o conteúdo, uma vez que era destinada à cremação de criancinhas. Depois de comprá-la, dirigimo-nos à papelaria em frente à loja para adquirir uma folha de papel camurça. A mamãe e a titia escolheram uma na cor vinho. Ela serviria para forrar o interior da primeira caixa que traria dentro uma segunda contendo suas cinzas. Tudo bem digno, como eu queria. Após termos colocado a compra no carro, seguimos em direção à Igreja. Mamãe comentara que havia anos não voltara ali. Parece que a última vez foi para rever o Pe. José, um alemão muito caridoso que viveu na Igreja Cristo Rei, no bairro do Tatuapé, e terminou sua vida ali, na Igreja Nossa Senhora de Lourdes. Eu me esforçava para lembrar-me da figura marcante do padre ao qual minha mãe me levava, quando pequeno, para benzer e livrar-me do "mau-olhado" que, vez por outra, eu parecia ter. Sua voz grave e as orações em latim impressionavam e, à sua maneira, ele aliviava meu mal-estar como aliviava as dores dos mais pobres de várias regiões da cidade, que vinham fazer fila pela manhã para serem atendidos somente à tarde. Ele fora amado pelo povo e pelos mais pobres. Não fazia show, não dava autógrafos, mas brilhava como uma estrela na vida de tantas pessoas. Pe. Joseph Morschhäuser está enterrado num dos altares laterais dessa pérola da arquitetura católica, que fica escondida entre as horríveis pichações que descaracterizam os imóveis de nossa cidade. Rezamos ali e, dali, saímos para almoçar.

Bem, o resto o senhor já sabe. Voltei chorando do restaurante até em casa. Viemos em silêncio. Vez por outra fazia um carinho na mamãe, que meditava certamente em seu coração o sentido da existência: "Do pó saímos e ao pó voltaremos" (cf. Ecl 3,20). De sua boca, uma única frase: "Não quero brigas nem discussões". Certamente, ela pensava na reunião um pouco tensa da véspera, mas que, felizmente, terminara apontando para uma justa resolução.

Sim, era tempo de acionar a justiça. Afinal, há tempo para tudo neste mundo:

> Tempo de nascer e tempo de morrer. Tempo de plantar e tempo de arrancar a planta. Tempo de matar e tempo de cuidar. Tempo de destruir e tempo de construir. Tempo de chorar e tempo de rir. Tempo de gemer e tempo de bailar. Tempo de atirar pedras e tempo de recolher pedras. Tempo de abraçar e tempo de se separar. Tempo de buscar e tempo de perder. Tempo de guardar e tempo de jogar fora. Tempo de rasgar e tempo de costurar. Tempo de calar e tempo de falar. Tempo de amar e tempo de odiar. Tempo de guerra e tempo de paz (Ecl 3,1-8).

Resta-nos – não é, papai? – perceber qual é o nosso tempo e que coisa o Soberano Senhor nos inspira a fazer! Ontem, foi o tempo de belas recordações. Revimos as fotos da festa de seus oitenta anos. Escolhemos duas que agora figuram nas tampas das caixinhas que envolvem suas cinzas. A foto, da caixinha de fora, fixa o momento em que você lia com interesse a vida de Ademir da Guia. A Alzirinha lhe trouxera de presente um livro contando a vida de um dos maiores artilheiros da equipe alviverde de que você tanto gosta. Nessa foto, podemos contemplar seu semblante sereno, com uma dignidade real assentada sobre a cadeira de cana da índia, a mesma que eu trouxera de Arujá para fazer você assentar, no quarto que era meu e que passara a ser seu, nos últimos meses de sua vida. A outra foto capta você de frente, com um olhar doce e atento. O mesmo que você soube construir nestes últimos anos. Depositadas as suas cinzas na caixinha menor, lacrada e inserida na caixa maior, saímos, mamãe atrás de mim e a titia atrás de mamãe, em direção ao pequeno oratório montado em sua intenção. Rezamos um Pai-Nosso, uma Ave-Maria e um Glória ao Pai, ao Filho e ao Espírito Santo. As imagens de Nossa Senhora do Carmo e de São José, voltadas para as suas cinzas, parecem nos lembrar constantemente de que do pó saímos e ao pó voltaremos. O busto de Cristo, um pouco acima, altivo, vela por nós. Suas cinzas estão na estante, ao lado da televisão, para nos incomodar um pouco e, em meio aos programas destinados à distração, fazer-nos lembrar, pelo menos no período que ali estiverem, de que "tudo é fugaz", "tudo é vaidade" (cf. Ecl 1,2b).

Tenhamos um bom-dia, não é, papai? Vou fazer a barba e tomar um banho. Você me acompanha até a Universidade?

São Paulo, 29 de agosto de 2012 (5h55).

Parte II

Reflexões sobre a amizade e o cuidado de si

O primeiro movimento deste texto retirou os véus que revestiam um coração. Mas ele não está todo à mostra. O pudor sempre encontra seu lugar ainda que num corpo despido. Ainda que nu, resta sempre o recurso das dobras dos membros e da escolha do melhor ângulo para realçar o que se deseja efetivamente mostrar e, mesmo mostrando, esconder o que a consciência, tomada de assalto, deseja ainda velar. A exemplo do corpo, o desnudamento de um coração nunca se dá por completo. Fosse isso possível, estas cartas teriam que se multiplicar *ad infinitum*. Mas a imaginação basta para completar o que a experiência sensível é incapaz de abarcar. À época que antecedeu a morte de meu pai, tive vontade de escrever a tantas outras pessoas que se fizeram mais que amigos, que se tornaram mães, pais, filhos, irmãos, irmãs. Houve o ímpeto de escrever também àquele amigo da última hora, Sr. Aureliano, vizinho de leito de meu pai na UTI e que o antecedeu em algumas semanas na glória de Deus. Lembro-me da presença de sua filha, Eliana, no elevador, e de sua voz suave, esperançosa, pedindo a unção dos enfermos a seu pai ao saber que eu era padre. À primeira visita, seguiram-se outras mais. As breves conversas com Sr. Aureliano eram sempre encerradas com o característico sorriso, honesto, de quem também já não se importava com a ausência dos dentes – já substituídos, a exemplo do que sucedera com meu pai, por um tubo que se cruzava a outros tubos entrecruzados a aparelhos; uma parafernália inspecionada por gestos de amor, carinho e atenção. Fui o primeiro a abraçar Eliana, na entrada do hospital, logo após a morte de seu pai. Foi um desses encontros em que notamos a mão de Deus nos aproximando: seu irmão me dera a notícia logo após ter visitado meu pai na UTI. Eliana acabava de chegar com o paletó cuidadosamente disposto num cabide para vestir o corpo do pai. A esse abraço sucederam-se as exéquias, a missa de sétimo dia e a missa de um mês. Esta coincidiu com a missa de sétimo dia de meu pai, na Igreja São João Batista do Brás. Homenagens como essas são prestadas a bons e verdadeiros amigos – ainda que essa amizade tenha sido selada nos momentos derradeiros de uma vida, na última hora.

As cartas que imaginei escrever para minhas tias Palmira, Idalina e Terezinha, e a meu tio Albertino, cunhado de mamãe, falavam do essencial e externavam a cumplicidade das festas natalinas passadas desde a infância na casa de um e de outro e, mais recentemente, em nossa casa em Arujá. Essa cumplicidade se manifestou menos festiva na noite longa que antecedeu a cerimônia de cremação. Não as redigi nem a eles nem aos parentes de meu pai. Não havia mais energia para agregar tanto sentimento nas parcas horas que me sobravam entre uma e outra carta efetivamente escritas. Também não escrevi uma linha sequer para agradecer ao Sr. José e D. Wilma, que me adotaram como um filho, desde minha chegada a Arujá. Eles, no velório, permaneceram por toda noite ao meu lado e de minha mãe.

Encontro respaldo em Kant para justificar a ausência das cartas para pessoas tão queridas, afinal, como diz o filósofo, basta boa vontade!

Pensei em escrever também algumas cartas a meus primos, particularmente aos da família de mamãe. Crescemos juntos e a presença deles no leito de meu pai, em casa e no hospital, significou momentos importantes para mamãe e eu, momentos intensos de muito carinho e atenção. Essas cartas foram redigidas mentalmente e como que expedidas através dos beijos e abraços sobremaneira carinhosos que lhes dei quando próximos ao caixão de meu pai.

Tive a intenção de escrever também aos médicos que acompanharam papai antes da internação, ao Dr. Omar Chukr pela simpatia, dedicação e renomada competência ao tratar do papai por longos anos; ao plantonista que, ainda sem ver as radiografias e só com o olhar sobre a posição da perna esquerda de papai, diagnosticara ou uma fratura da bacia ou uma ruptura do fêmur, um diagnóstico que poderia ter sido feito pelo médico que o atendeu em Caraguatatuba e que nem se dignou a se levantar da cadeira e examinar papai (a consulta se deu a partir dos relatos da mamãe); ele mantinha os olhos em seu bloco de anotações e acabou encaminhando papai aos cuidados de uma enfermeira que, por estar sozinha, nem o colocou na maca da sala de radiografia; estas foram tiradas com ele sentado na cadeira de rodas. O médico, em posse das imagens, obviamente comprometidas pela posição da perna, outra vez nem se dispôs a olhar para o paciente. Ainda pálido, papai, nessas alturas, já se encontrava do lado de fora do consultório, uma vez que a largura da porta não permitia a entrada da cadeira de rodas no recinto. Alegando não haver sinal de fraturas, o médico mandou o "padecente" para casa, sem lhe prescrever ao menos um analgésico. Mamãe, com angústia por ver a dor no semblante de papai, conduziu com dificuldades a cadeira de rodas até o taxi. Era uma das duas únicas cadeiras de rodas da Santa Casa de Misericórdia, e era tão precária que a cada cinco metros D. Sílvia, a senhora que acompanhara mamãe até o hospital, precisava endireitar as rodinhas que iam ora para a direita, ora para a esquerda. Pela postura do médico, pela indiferença da enfermeira e pelas condições da aparelhagem, a santidade e a compaixão pareciam estar somente no nome da instituição. Mamãe me contou, com lágrimas nos olhos, o calvário que tinha sido a volta para a casa da praia e como um gentil motorista de táxi carregara papai no colo até a sala de TV, onde permaneceria aguardando minha chegada. Quando abri a porta, de madrugada, encontrei papai sentado de viés, visivelmente com dor. Lembro-me

com uma pinçada no coração de quando tentei colocar nele o pijama e endireitá-lo no sofá. Ele travava os dentes e me olhava com raiva, afinal sua dor era bem real. Eu, sem me dar conta da fratura, procurava sentá-lo, fiando-me no diagnóstico do "digníssimo" médico que o atendera de forma virtual. Este é mais um exemplo de que a honra e a reputação não estão no título, mas no cuidado, na atenção, na humanidade e na constante dedicação à profissão.

Várias outras cartas foram redigidas mentalmente por mim. Entre uma e outra corrida na calada da noite, pensava em escrever às mulheres de minha vida. Há um número considerável delas – Josephina, Alzira, Izes, Fábia, Rita, Vanise, Senhorinha, Ivanildes, Ana, Etel, Ana Flora, Dirce, Helena, Marilza, Maria, Monique, Francisquinha, Arminda, Zenaide, Isaura, Sandra, Valdete, Lúcia Helena, Tânia, Marlene, Aline, Marta, Sabrina e Luzia. A ordem não é de preferência, mas como irromperam em minha vida e, certamente, a fizeram mais feliz. Compreendo na carne o porquê de Jesus, mesmo sendo celibatário, sempre se cercar de mulheres. Algumas encantaram e outras continuam a encantar minha vida. A inteligência feminina sempre me enriqueceu. Suas intuições e suas potencialidades tornaram mais férteis minhas ideias. Não posso deixar de me lembrar da Alzirinha que mesmo estando tão longe sempre se fez próxima e vez por outra me auxilia em minhas articulações com a teologia. A generosidade delas é de tal forma abundante que não se importam com o que delas me apropriei ou continuo me apropriando. É o que transparecerá nas cartas da Christiane, da Silvana e da Neide. Não falo de coisas materiais, falo de sentimentos e de pensamentos, tesouros que o ladrão não rouba nem a traça corrói. Pensei também em escrever à Joana Fátima, que trato somente por Fátima, não só pelo apoio e força que me deu quando eu parecia não dar conta do furacão que passava por mim, como pela gratuidade em ler minhas cartas, revisando as concordâncias, ajudando-me a encontrar uma formulação mais adequada a uma ideia posta, mas não tão bem trabalhada. Se fosse escrever a todas elas pelo que representam em minha vida, as folhas se multiplicariam em demasia. Passei, então, a confiar no sentimento que tenho por elas. Cada uma tem lugar especial em meu coração, como na casa do Pai há muitas moradas (cf. Jo 14,2).

Ah, certo... Há também os amigos. Foi muito significativo ter encontrado, logo que cheguei ao velório, o Roberto de Jesus, carinhosamente chamado por nós de "Bá". O abraço apertado me trouxe a fraternidade dos primeiros anos de seminário, lembranças que nem o tempo e a distância foram capazes de apagar. Roberto é o tipo do amigo que a gente se orgulha de ter, pela autenticidade, retidão de caráter e coragem de assumir as próprias convicções e inclinações. Assumidamente homossexual, Beto de Jesus se tornou um militante na defesa dos direitos das minorias. Foi bom também ter encontrado ali Paulo Guel, depois de vinte anos, um companheiro de praia e de juventude nos anos que antecederam minha ida ao seminário. Os amigos, outrora muitos, se recolheram – ou fui eu que deles me recolhi, não por desconsideração, mas porque manter amigos dá trabalho, exige tempo e atenção. Os anos de vida acadêmica acabaram me distanciando de velhos e bons companheiros, mas que a lembrança mantém bem vivos no calor do coração. Cada

um teve seu tempo e sua hora. "Há um momento para tudo e um tempo para todo propósito debaixo do céu", diz o livro do Eclesiastes, "tempo de abraçar e tempo de se separar, tempo de buscar e tempo de perder, tempo de guardar e tempo de jogar fora. Tempo de calar e *tempo de falar*" (Ecl 3,5b-7). Pela quantidade de cartas que escrevi em pouco mais de um mês, tudo indica que vivo neste último tempo! Sim, é verdade, como diz Santo Agostinho, "há amigos que — por serem companheiros nos estudos, terem a mesma idade, gostarem das mesmas coisas — se tornaram muito mais *doces do que as suavidades da vida*".[27] Parafraseando Davi a respeito de Jônatas, "tinham para mim tanto encanto que sua amizade me era mais cara do que o amor das mulheres" (cf. 2Sm 1,26). Assim, presto uma homenagem ao conjunto desses amigos, com uma breve reflexão sobre a dimensão política da amizade desenvolvida pelo filósofo italiano Giorgio Agamben e inserida numa pequena obra, intitulada *O que é contemporâneo? e outros ensaios.*

O texto de Agamben começa por uma bela análise de um quadro atribuído a Giovanni Serodini, representando o encontro dos Apóstolos Pedro e Paulo, por meio do qual contemplamos a alegoria perfeita da amizade.

Dirigindo nossa atenção ao conjunto do quadro, mas ainda não nos centrando no olhar penetrante dos dois apóstolos, vemos que Agamben aponta para a dimensão política da cena representada pelos guardas escoltando-os a caminho do calvário. Estes, embora juntos, seguem direção contrária rumo ao martírio. Bastariam esses elementos para ressaltar a dimensão política que cerca os dois pilares do cristianismo: amigos de caminhada que, em um aperto de mão, veem um ir à crucifixão e o outro, à decapitação. Os aspectos políticos estão também presentes na forma como ambos seriam castigados: um pela cruz, outro pela espada. Crucifixão e decapitação eram castigos impostos aos traidores do Império: o primeiro, a membros de outros povos; e o segundo, a um legítimo cidadão.[28] O martírio de ambos se deu em Roma. As tradições apócrifas atestam que Pedro foi crucificado de cabeça para baixo, por não se sentir digno de morrer da mesma forma que o mestre. Paulo foi decapitado pela espada afiada do carrasco; o movimento furioso lançou a cabeça para longe, fazendo-a repicar três vezes no chão, fato este que, diz a lenda, fez irromper miraculosamente do solo três fontes de água (*Tre Fontane*), tornando-se local de peregrinação, de piedosa visitação.

No entanto, o que mais chama a atenção de Agamben nesse quadro, e que na maior parte das vezes passa despercebido por outros críticos de arte, é a proximidade aparentemente exagerada das duas frontes, quase coladas uma à outra, de tal forma que eles, absolutamente, não se podem ver. "Eles olham sem se reconhecer", diz Agamben.[29] Amizade é isso, algo do qual não é possível fazer nenhuma representação, nenhum conceito; não é uma propriedade ou uma qualidade do sujeito, antes, é uma forma de ser que inaugura realidades novas, entre subjetividades que se constituem numa relação sem promiscuidade. Amizade se vive e só quem a vive é capaz de saber verdadeiramente o que ela é. Nela, cada um mantém o que é seu, sendo ao mesmo tempo, por causa dela, diferente do que se é – quase como a noção de tempo elaborada por Santo Agostinho: soma de instantes que foram e de outros que ainda não são, tornando fugidia sua constituição ontológica. Afinal, o "ser" do tempo é somente o instante atual, que só pelo fato de nominá-lo já deixou de ser, não é mais... O tempo, realidade interior, se constitui pelo presente do passado, trazido pela memória, e se associa ao presente do futuro mediado pela esperança. Na verdade, o que é, o que existe, é somente o presente. Tal qual a noção de tempo, a amizade, embora perceptível no exterior (simbolizada pelo aperto de mão quase invisível dos apóstolos), se materializa no foro interior (no olhar que penetra o olhar do outro). Como o tempo, do qual temos dificuldade de fazer uma representação, não é possível fazer da amizade um conceito.

Repetindo Agamben, "reconhecer alguém como amigo significa não poder reconhecê-lo como 'algo'. Não se pode dizer 'amigo' como se diz 'branco', 'italiano' ou 'quente'".[30]

Agamben lembra as passagens dos capítulos VIII e IX da *Ética a Nicômaco* em que Aristóteles afirma que a doçura provada pelo homem em relação ao bem em si, ele o prova também em relação ao amigo. Este, de fato, é um outro "si mesmo" (*heteros auto*).[31] É neste âmbito que se constitui a dimensão política da amizade. Segundo Agamben, primeiramente, nas relações de verdadeira amizade há uma sensação do ser puro, de uma percepção (*aisthésis*) profunda da existência, haja vista que: "Aquele que vê sente que vê, aquele que escuta sente que escuta, e, se nos sentimos sentir, e se pensamos, nos sentimos pensar, e isso é a mesma coisa que sentir-se existir: existir significa, de fato, sentir e pensar".[32] Segundo, essa sensação de existir é doce em si mesma, já que a vida é naturalmente um bem e "é doce sentir que um tal bem nos pertence".[33] Terceiro, há equivalência entre ser e viver, entre sentir-se existir e sentir-se viver. Como diria Nietzsche: "Ser: nós não temos disso outra experiência que viver".[34] Quarto, "com-sentir" a existência do amigo. A amizade é a instância desse "com-sentimento" da existência do amigo no sentimento da existência própria. Mas isso significa que a amizade tem um estatuto ontológico, quer dizer, de existência real e não imaginária, e ao mesmo tempo político se entendermos por política a arte de viver junto sem desequilíbrio e injustiça. Aliás, o tema da justiça como virtude, base para as outras virtudes, é incessantemente retomado nos capítulos anteriores ao capítulo VIII da *Etica nicomachea*. Quinto, o amigo é, por isso, um outro si, um *heteros autos*. A amizade é essa des-subjetivação no coração mesmo da sensação mais íntima de si.

À luz dessas noções da *Etica nicomachea*, Agamben lembra que esse com-sentimento é também com-divisão. Pensada por Aristóteles, essa noção atinge seu viés político quando o estagirita distingue a com-divisão humana da condivisão animal:

> Mas, então, também para o amigo se deverá com-sentir que ele existe, e isso acontece no conviver (*syzen*) e no ter em comum (*koinonein*) ações e pensamentos. Nesse sentido, diz-se que os homens convivem e não como para o gado, que condividem o pasto.[35]

Assim, para Aristóteles, como para Agamben, os amigos não condividem algo (um nascimento, uma lei, um lugar, um gosto). Antes, "eles são com-divididos pela experiência da amizade. A amizade é a *com-divisão* que precede toda divisão, porque aquilo que há para repartir é o próprio fato de existir, a própria vida. E é essa partilha sem objeto, esse *com-sentir* originário que constitui a política".[36] Cabe aqui a frase de Jesus dirigida a seus discípulos: "Já não vos chamo servos, porque o servo não sabe o que faz seu senhor. Mas chamei-vos amigos, pois vos dei a conhecer tudo quanto ouvi de meu Pai" (Jo 15, 15). Essa amizade e com-divisão estabelecidas entre o Mestre de Nazaré e seus discípulos creio ter abordado indiretamente na primeira parte deste livro. Faltava ressaltar sua dimensão política, tão bem anunciada e testemunhada por Jesus ao convidar homens e mulheres à conversão (*metanoia*) ao Reino. A expressão "Reino de Deus" revela a necessidade de governarmos o que está sob nossa responsabilidade à luz do governo amoroso de Deus sobre seu povo e toda a Criação, pela experiência própria da *com-divisão*.

O livro poderia se encerrar aqui. Mas como falar dessa experiência de *com-divisão* se não é possível conhecer um pouco do olhar que cruza o meu, a exemplo do cruzamento de olhares representado na alegoria da amizade? Esta exige ao menos que se dê voz ao portador desse olhar. Foi por isso que intitulei de "O espelho alheio" as cartas que virão a seguir. Ao falar de mim, descobri parte dos segredos de minha vida e uma face escondida de mim mesmo. O olhar do amigo é o outro espelho, o espelho alheio, que mesmo penetrando o mais profundo de nós mesmos sabe guardar o devido distanciamento, sem o qual não seria possível a amizade. O quadro de Giovanni Serodine, analisado por Agamben, soube bem expressar esse olhar desconcertante que invade nosso interior, sem se misturar com ele, sabendo-se diferente dele e, no momento necessário, sabendo distanciar-se dele por pudor.

Assim, para exemplificar esse movimento de olhares, publico cinco cartas que me foram escritas em momentos diferentes e em diferentes contextos, mas que têm um elo comum: o aperto de mãos ora a caminho do calvário, ora a caminho do monte da transfiguração. Exprimem o olhar do outro dizendo parte de mim mesmo que somente uma com--divisão é capaz de perceber e transmitir. Obedecem a uma ordem cronológica e dizem respeito a momentos significativos de minha vida que, sem me dar conta, se entrelaçaram à vida de outros. As autoras me deram a anuência para publicar essas cartas. A primeira é de autoria da Profa. Christiane Van De Walle, por ocasião da missa de despedida da pequena cidade de Virginal, logo após a minha defesa de tese doutoral. Ela é apresentada no original francês, seguida da versão em português. A segunda tem como emitente a Profa. Silvana, e foi escrita na noite que se seguiu à comemoração de meu aniversário em 2007. A quarta também foi escrita por ela na manhã que antecedeu a morte de meu pai (ocorrida por volta das três horas da tarde). A antepenúltima e a última foram escritas pela Profa. Neide, e caíram-me nas mãos em momentos diferentes: a primeira, logo após a missa de formatura dos alunos de graduação do UNIFAI – Centro Universitário Assunção, que eu tive alegria e a honra de presidir em 26 de fevereiro de 2012; a segunda, logo após a celebração de cremação do corpo do meu pai, em 6 de agosto do mesmo ano.

Esta parte não tem conclusão, uma vez que as cartas falam por si. Em seu lugar, inseri um Posfácio, mas não de minha autoria. Trata-se de uma adaptação de outra carta enviada pela própria Neide alguns dias depois da missa de sétimo dia de meu pai e que, por manter o tom dado às vozes que constituem "O espelho alheio", achei bem adequada para encerrar estas meditações sobre família e amizade à luz do cuidado de si. Agradeço desde já a paciência, a cumplicidade e o carinho daqueles que me brindam com esta leitura. Como falei na introdução, não procuro pregar nenhum modelo de convivência, apenas mostrar como nestes anos me constitui como padre, filho, irmão, tio, amigo, professor, aluno. Ainda tenho muito que aprender sobre as relações humanas, relações familiares e de amizade, mas o pouco que aprendi quis também *com*-dividir.

O espelho alheio

Cher Edelcio,

Tu vas partir. Il y a 4 ans et demi, tu arrivais à Virginal, et malgré ton sourire, le mal du pays et la solitude te rongeaient. Aujourd'hui, tu as de la peine à te détacher de notre pays: trop d'expériences, trop d'amitiés te lient. Une fois de plus, c'est ton coeur que tu laisses derrière toi. Et, cher Edelcio, c'est aussi notre coeur que tu déchires.

Et, pourtant, par fidélité à toi-même, tu dois partir. Il faut dire que notre paroisse commence à y être habituée… En effet, tu as voulu tirer le maximum de ton séjour en Europe pour en faire profiter ton peuple: étude de l'allemand, voyages, rencontres, t'ont enrichi. Tu veux faire dans ta vie "un développement plein et éternel de tes qualités

219

personnelles" (Je cite ta thèse). Tu crains par dessus tout d'être pétrifié et, jeune Zaratoustra, tu dis oui à la vie pour aller vers "un monde nouveau, un soleil nouveau" que tu vas créer (Je cite toujours ta thèse).

Pour ce faire, le Seigneur t'a comblé de dons: un coeur chaleureux, amical et tendre, généreux et enthousiaste, qui accepte toutes les occasions d'aller vers les autres, une joie de vivre intense, qui s'exprime souvent dans le chant, la danse, la musique, et aussi dans le bien boire, le bien manger et le bien s'habiller; une intelligence vive, concentrée et rapide, très rationnelle autant que douée d'un profond et délicat discernement psychologique, une lucidité et une sincérité engagées jusqu'à la souffrance. Ta vocation sacerdotale face à ton expérience de la dictature militaire au Brésil, entre 79 et 85, t'acculé à la question essentielle: comment annoncer le message du Christ aux pauvres?

Merci, Edelcio, de réfléchir avec un esprit neuf, pur et souple aux problèmes de l'Église; merci d'avoir assumé avec courage la longue solitude de cette réflexion et pour ce faire, d'avoir pris le risque d'un philosophe médiateur maudit: Nietzsche; merci de nous avoir montré un Dieu qui veut faire de nous, grâce à son aide, des créateurs libres, pensants et artistes au service de l'amour et de la justice; merci de rendre hommage à ce Dieu par le sourire et la joie; merci de nous inviter à nous plonger dans la réalité des hommes et de femmes de ce temps, dans leur contexte et avec les tragédies que parfois ils vivent et non de les abriter dans un monde idéal où la vérité serait une fois pour toutes découverte et imposée; merci d'avoir appelé certains démons par leur nom pour les soumettre à l'Esprit des divines transformations; merci de nous avoir commenté la Bible en situant toujours l'auteur et le contexte du passage étudié; merci d'avoir rendu par ta disponibilité les "insignifiants" importants; merci de la part des soeurs mortes réconfortées par ta tendresse et ta bonne humeur. Merci de poursuivre une Étoile, tel un Roi Mage, tout en restant les deux pieds par terre et quand l'Étoile disparaît de la poursuivre jusqu'au bout.

Et maintenant, Edelcio, il faut que nous te laissons partir, parce que ce que nous avons aimé en toi, tu vas le donner à ton peuple et à ton Église. Tu vas enseigner au Séminaire de São Paulo, principalement en orientant les études des jeunes défavorisés, venus des Communautés Ecclésiales de Base. Tu vas aussi leur apprendre le français. Tu vas surtout réveiller en eux le goût de la sagesse, leur apprendre à connaître et accepter leurs faiblesses et devenir ce qu'ils sont, comme toi-même tu l'as fait durant ces 4 ans et demi. Le week-end, tu travailleras avec un ami dans une paroisse de 100.000 habitants. Tu dirigeras un groupe de laïcs pour l'Étude de la Bible. Nous savons que pour ces tâches très lourdes, le Seigneur sera à tes côtés comme il l'a toujours été jusqu'ici. Et si jamais tu repassais par Virginal, nous t'accueillerions tous les bras ouverts. Adieu, Edelcio.

CHRISTIANE VAN DE WALLE,
au nom de la paroisse de Virginal.
Février 1996.

(Tradução)

Caro Edelcio,

Você vai partir. Há quatro anos e meio, você chegava em Virginal, e apesar de seu sorriso, a saudade de seu país e a solidão o corroíam. Hoje, você sofre por ter que se desprender de nosso país: muitas experiências, muitas amizades o ligam a ele. Uma vez mais, é seu coração que você deixa para trás. E, caro Edelcio, é também o nosso que você deixa despedaçado.

E, no entanto, por fidelidade a você mesmo, deve partir. É necessário dizer que nossa paróquia começa a se habituar a isso... Com efeito, você quis tirar ao máximo de sua estada aqui na Europa para fazer seu povo aproveitar disso tudo: estudo do alemão, viagens, encontros, o enriqueceram. Você quer fazer de sua vida "um desenvolvimento pleno e eterno de suas qualidades pessoais" (Eu cito sua tese). Você teme, acima de tudo, ser petrificado e, jovem Zaratustra, diz "sim" à vida para ir ao encontro de "um mundo novo, um novo sol" que você vai criar (Eu cito sempre sua tese).

Para conseguir isso, o Senhor o preencheu de dons: um coração caloroso, amigo e terno, generoso e entusiasta, que aproveita todas as ocasiões para ir ao encontro dos outros, uma alegria de viver intensa, que se exprime muitas vezes pelo canto, a dança, a música e também no beber bem, no comer bem e no se vestir bem; uma inteligência viva, concentrada e rápida, muito racional e ao mesmo tempo dotada de um profundo e delicado discernimento psicológico, uma lucidez e uma sinceridade comprometida até o sofrimento. Sua vocação sacerdotal ante sua experiência da ditadura militar brasileira, entre 1979 e 1985, o empurrou cada vez mais à questão essencial: como anunciar a mensagem de Cristo aos pobres?

Obrigada, Edelcio, por refletir — com um espírito novo, puro e leve — sobre os problemas da Igreja; obrigada por assumir com coragem a longa solidão dessa reflexão e, para conseguir fazê-lo, ter-se arriscado ao lançar mão da mediação de um filósofo maldito: Nietzsche. Obrigada por nos ter mostrado um Deus que quer fazer de nós, graças à sua ajuda, criadores livres, pensantes e artistas a serviço do amor e da justiça; obrigada por render homenagem a esse Deus pelo sorriso e pela alegria; obrigada por nos convidar ao mergulho na realidade dos homens e mulheres de nosso tempo, no contexto e nas tragédias com as quais eles são chamados a viver, sem abrigá-los num mundo ideal onde a verdade seria, uma vez por todas, descoberta e imposta; obrigada por ter chamado os "demônios" por seus nomes a fim de submetê-los ao Espírito das divinas transformações; obrigada por nos ter comentado a Bíblia, situando sempre o autor e o contexto da passagem estudada; obrigada por ter tornado, por sua disponibilidade, os "insignificantes" importantes; obrigada da parte das irmãs [do Convento: Irmãs dos Sagrados Corações], que no leito de morte foram reconfortadas por seu carinho e bom humor. Obrigada por perseguir uma Estrela, tal qual um Rei Mago, tendo os dois pés sobre a terra e, quando a Estrela desaparece, de persegui-la até o fim.

E agora, Edelcio, é necessário que nós o deixemos partir, porque o que nós amamos em você, você vai dá-lo a seu povo e à sua Igreja. Você vai ensinar no Seminário de São Paulo, orientando principalmente os estudos dos jovens desfavorecidos, vindos das Comunidades Eclesiais de Base.

Vai também lhes ensinar o francês. Vai, sobretudo, despertar neles o gosto da sabedoria, lhes ensinar a conhecer suas fraquezas e auxiliá-los a "se tornarem eles-mesmos o que são", como você mesmo o fez durante estes quatro anos e meio. Nos finais de semana, você trabalhará com um amigo numa paróquia de 100 mil habitantes. Você dirigirá um grupo de leigos no estudo da Bíblia. Nós sabemos que para essas tarefas tão pesadas o Senhor estará ao seu lado como Ele sempre esteve até aqui. E, se por acaso, você vier a passar por Virginal, nós todos o acolheremos com os braços abertos. Adeus, Edelcio.

CHRISTIANE VAN DE WALLE,
em nome da paróquia de Virginal.

Fevereiro de 1996.

São Paulo, 28 de outubro de 2007.

Querido Edelcio, bom-dia.

Adorei ter ficado para comemorar, antecipadamente, o seu aniversário. Esse seu jeito de comemorar como criança é encantador. E o bolo estava uma delícia. Sei que o dia de hoje vai ser de muita festa, você sabe criar o seu próprio prazer. Reforçando o que já te disse nesta semana, estamos construindo nossa amizade e penso que ela vem se fortalecendo, pois tem suportado muitas provas. Entendo (sob algumas ressonâncias de Foucault e de uma elaboração própria) a amizade como um experimento relacional livre de fórmulas ou de vínculos compulsórios familiares. É uma relação intensa que não se assemelha a nenhuma relação institucionalizada e, por isso, muito mais rica, interessante e criativa. Por ser desprotegida de qualquer vínculo institucional, ou familiar, exige uma invenção contínua, e nisso reside sua riqueza. A amizade oferece uma possibilidade de traçar uma linha de fuga no tecido institucional. A experiência da amizade se traduz em uma atividade aberta, de liberdade e de desterritorialização de si e do outro. Tornar-se diferente: uma vontade de transformação, ou seja, uma vida na qual o importante é o *como* se vive. Do amigo não se espera encontrar uma imagem de si mesmo nem tampouco uma oposição frente a frente, mas uma provocação permanente, um jogo em que se pode mudar o comportamento do outro de modo livre sem um exercício de obediência ou de dominação. Uma ética da amizade é uma arte de viver: dar forma à própria vida.

É por tudo isso que invisto em nossa amizade. Por outro lado, é muito difícil uma experimentação de si na solidão. Repetindo o que já te disse, a partir de Nietzsche, o amigo nos ajuda a não sermos esmagados pela nossa própria sombra. O amigo nos ajuda na construção do percurso de nossa existência, de uma arte de viver. Para você, não deixa de ser uma linha de fuga de uma concepção cristã, que atribui um caráter suspeito à amizade, substituindo-a pelo amor a Deus e ao próximo.

Um beijo muito carinhoso pelo seu aniversário e com o meu agradecimento pela nossa amizade.

SILVANA

226

São Paulo, 26 de fevereiro de 2012.

Meu amigo querido,

Ontem, "alguma coisa aconteceu no meu coração" durante aquela missa. Já assisti a muitas missas suas, mas a de ontem foi, sem dúvida alguma (pelo menos para mim), a mais bonita e especial. Tudo começou quando te vi, em dado momento, ali, sentadinho naquela cadeira, debaixo de um teto muito alto (céu?), enorme, super-rico de figuras poderosas, muita luz, muito brilho, muito ouro sobre um azul celeste, um céu muito poderoso. E você ali, sentado, tão pequeno, com a cabeça ligeiramente inclinada para baixo, olhando para não sei o quê. Me comoveu!!! Era "apenas" um homem. Só isso, e isso parecia, naquele momento, quase nada.

De repente, aquele *petit bonhomme* sai de trás do altar, chega até a frente de todos e *fala*. Tudo mudou: o homenzinho tornou-se um gigante. Seu *ser era o verbo*; era linguagem de ponta a ponta. Era ali que ele escondia a sua força, o seu poder, os seus sentimentos, o seu saber, enfim, a sua vida. Me comoveu!!! Como se já não bastasse tudo isso, no final, aquele grande homem volta à frente de todos e tenta terminar o seu ofício: chama todos os formandos para se colocarem ali de frente para ele e os abençoa (em nome do Deus

Todo-Poderoso). Depois pede a esses mesmos formandos que se voltem para o público para que recebam seus aplausos. Não me deu tempo para pensar, mas rapidamente, em um só momento, completamente vazia de pensamento e plena de admiração e surpresa, a pergunta me invadiu: O que era aquilo??? Ao mesmo tempo, um arrepio percorreu todo o meu corpo e, ainda sem qualquer pensamento, discretamente, meus olhos choraram, só os meus olhos, bem escondidos, pois rapidamente também consegui me lembrar de que atrás de mim estava o poder da pró-reitora, que não admitia fragilidades. O choro ficou preso e minhas lágrimas caíram quietinhas, quentinhas, transparentes, sem ninguém ver: eram só minhas.

Não sei bem explicar o que aconteceu. Só sei descrever os fatos. Mas uma coisa eu acho que compreendi muito bem: acho que compreendi a sua fé. Não sei, é claro, o que ela significa realmente para você, mas sei que compreendi alguma coisa e sei também que não vou saber explicar. A única coisa sobre a qual eu posso falar é que ficou muito claro para mim o quanto ela te faz bem, e saber disso já é saber muito. Compreender isso é compreender que esse Deus no qual você acredita te faz muito bem e que é muito bom para você. Quisera eu poder acreditar nele como você, mas fico feliz de saber que você tem essa condição. E, se esse Deus realmente existe, tudo o que eu mais desejo é que ele esteja mesmo, sempre, muito perto de você.

Desde ontem essa coisa está mexendo comigo; achei que te falando dela, assim, escrevendo, talvez eu a compreendesse melhor. Agora, relendo tudo, parece que eu disse tanta coisa e, ao mesmo tempo, não disse nada. O mistério é grande demais. Não dei conta de dizer o que se passou com o meu coração. Mas, de qualquer forma, de hoje em diante, quando a gente se despedir assim, informalmente, como todas as pessoas, eu também vou poder te dizer: "Vai com Deus". Talvez a diferença nesse meu dizer em relação ao das outras pessoas é que, para elas, essa já é uma fala automática; mas, para mim, ela ainda tem a força do novo.

Por isso posso te dizer, sabendo o que digo.

Fique com Deus.

Beijo

NEIDE

São Paulo, 5 de agosto de 2012.

Oi, Edelcio,

Por não poder se expressar por palavras, seu pai desenvolveu um brilho no olhar contagiante. Na relação de vocês dois, antes que ele entrasse em estado de coma, circulava uma intensidade transbordante. Vocês experimentaram uma segunda inocência, aquela das crianças que brincam e jogam atravessados pela vida sem interesse ou finalidade a não ser aquela do prazer da existência. E é esse espírito que você sorveu de seu pai e o dobrou sobre si tornando-se outro, muiiiinto mais forte e singular. O que se passa *entre* a vida e a morte? Não foi a proximidade da morte de seu pai que você reteve, mas o que ela provocou em você. E ela disparou a vida que passa no *entre*, ou seja, o espaço e o tempo do acontecimento.

Que signos novos você está querendo emitir com suas cartas? Destaco que as duas últimas direcionadas a seu pai são esplendidas. Você descreve o horror da UTI, o cumprimento dos protocolos dos médicos insensíveis às dores da perda. E, o mais fascinante, a vida do espírito corporificado de seu pai que agora se tornou o seu companheiro no percurso de sua existência, não como uma sombra perturbadora, mas como uma força invisível encarnada em você. Você vem aproveitando este momento de inspiração para se dirigir aos demais membros de sua família. Destaca livremente momentos comuns vividos com cada um deles, dando aos episódios selecionados uma leveza de quem não faz um acerto com seu passado, mas o reinventa. Um tempo reencontrado e redescoberto, *à la* Proust.

No último bilhete que enviou a sua mãe e reenviado a mim com uma mensagem em francês – ora, vê se não vai esquecer o português (risos)!!! –, você mostrou a ela o quanto foi dolorido para você se distanciar de seu pai para suprir uma relação de carência de sua mãe. Ela o dominava, embora em nome do amor materno. Em razão mesmo do amor que você devota a seus pais, exige deles que o deixem livre.

Edelcio, este último bilhete me tocou muito, e entendo o seu desejo de liberdade. Sem a liberdade não existe o cuidado de si, somente obediência. Experimentemos, portanto, ser livres. Fui profundamente afetada com o conteúdo desse bilhete e, não sei se com ou sem intenção, você me atingiu com um soco no estômago. Os poetas fazem isso, não nos poupam, vem para nos tocar, nos tirar o chão. E o amigo é aquele que nos tira do conforto de nossas convicções.

Beijo grande,

SILVANA

Edelcio,

Hoje sou eu que te escrevo uma carta. Preciso falar um pouco com você ainda hoje: dia do velório e da cremação do corpo do seu pai. Apesar de todo o esgotamento, por tudo que vivi hoje com você, não posso deixar essa tarefa para amanhã. O que preciso dizer é urgente; tem que ser dito agora. Sei que vai ser muito difícil expressar o que se passa neste momento no meu coração. Ainda estou muito envolvida com as emoções que vivi de forma tão intensa. Percebo, agora que nos encontramos pessoalmente muito poucas vezes antes desse dia, mas, por outro lado, acho que também nunca nos falamos com tanta frequência e nunca estivemos tão próximos. Chorei muito durante toda a cerimônia de despedida do seu pai. Chorei demais, a tal ponto que me senti muito envergonhada perante as pessoas. Tentei muito não demonstrar tanto a minha emoção. Por várias vezes me vinha à cabeça a sua frase de que há pessoas que choram demais para se mostrar superior às outras. Lembrei-me também de uma frase (acho que do Rilke, não sei bem, nem vou procurar saber agora) que dizia existir pessoas que têm sempre lágrimas guardadas em excesso para as despejarem quando for conveniente. Mas tenho certeza de que o meu caso não se encaixa em nenhuma das duas propostas. Não sou superior a ninguém porque choro, nem tenho lágrimas guardadas; elas aparecem, brotam e caem sem que eu queira. É tudo muito de repente de forma incontrolável. Hoje, isso me causou um grande constrangimento.

O descontrole que causou tudo isso pode até ser explicado pelo fato de eu ter acompanhado todo o processo que você viveu nos dias que se antecederam a esse momento, quando você elaborava lentamente essa perda. É claro que, sem dúvida alguma, essa circunstância me deixou mais mobilizada. Mas não é exatamente aí que reside a força da minha emoção, que mais parecia um êxtase. O que aconteceu (e agora, algumas horas depois, pensando bem sobre tudo, uma coisa me ocorre) é que aquela dor ali vivida hoje por você, uma dor intensa e absurda, uma dor só sua e, que há dias, vinha sendo sofrida e processada devagar, provocando, além de tudo mudanças profundas no seu ser, coincidia com uma dor que também era só minha e que também vinha sendo maturada com muito sofrimento e vivenciada sob um processo que era unicamente meu e construído de forma bem diferente. Entretanto, durante todo o desenrolar desse acontecimento, houve um momento que me parece ser a chave de tudo o que aconteceu comigo.

Quando a realidade da morte do seu pai se desvelou para você como algo inevitável e inadiável, você reagiu e, de forma criativa, deu início à escrita das cartas. Naquele momento, você me procurou. Imediatamente, me identifiquei com seu sofrimento: estávamos, os dois, ao mesmo tempo, diante da nossa finitude. Você, pela presença implacável e iminente da morte do seu pai que, obviamente, implicava a sua morte. Eu, pela presença das dores que invadiam meu corpo ameaçando a minha sobrevivência física e anunciando o meu fim. Dessa forma, a minha identificação com sua vivência foi inevitável: envolvi-me e entreguei-me inteira. Percorríamos trilhas distintas, mas as duas nos conduziam para o mesmo ponto: o encontro com o nada da nossa existência. Eu, no meu desvario, andava a esmo pela escuridão dessa trilha. Era uma trilha que deveria permanecer nas trevas. Não queria vê-la. Neguei sua existência. Via-me viva, com uma vida intensa, pulsando dentro do meu ser. Aquele encontro marcado com o nada, com o vazio, precisava ser adiado. Até então, o aspecto inevitável desse encontro sempre se manifestou como uma presença remota. Mas agora eu o via de muito perto.

O olhar do monstro se aproximava de mim e eu não tinha coragem de ver os seus olhos. Ou se vê os olhos ou se vê o olhar. Se vemos o olhar, perdemos os olhos; se vemos os olhos, perdemos o olhar. Era preciso escolher. E eu não escolhi. Nem um nem outro. Apostei na força da minha loucura, prendi o monstro no armário e adiei o nosso encontro. Eu precisava de mais tempo para enfrentá-lo, mas esse encontro está já há muito tempo marcado. A questão é que o monstro se confundia com o próprio tempo. O tempo e o monstro eram um. Como é dura essa constatação! Como é duro e cruel ver a degradação do nosso corpo! Como é torturante nos vermos limitados em nossos movimentos; vermos-nos implacavelmente diante do "não mais". Constatarmos, sentirmos, vivermos, lentamente, todas as dores que comportam esse momento é algo monstruoso! Absurdo! Escolhi entre os meus *ainda possíveis*, algumas estratégias de sobrevivência; procurei dentro de mim uma força que não havia e, sozinha, criei algumas saídas. Adquiri novos recursos, consegui abrir certas portas havia muito fechadas dentro de mim e novas possibilidades vieram surgindo como respostas às minhas fracas tentativas. Assim, vinha eu tentando dar conta dessa realidade, uma realidade que sempre se apresentava como algo que não tem espaço para mais ninguém a não ser eu; como algo único, só meu, inevitável; algo que teria que ser vivido na mais absoluta solidão. Portanto, essa seria uma trilha escura que eu teria que percorrer sozinha.

Você, por sua vez, muito mais forte, corajoso e criativo do que eu, jogou sobre as trevas de sua própria trilha um enorme facho de luz. Enfrentou o nada escuro e apavorante e criou o ser; criou uma nova vida, totalmente outra; uma possibilidade outra com toda a positividade do que é nascente. Sim, algo diferente do mesmo, do já conhecido e sempre vivido começava a surgir; algo inédito; algo que nascia dia a dia diferente, com todo o frescor do novo, do abundante, do demais; algo que te invadia e que, como a força de uma tempestade, te inundava inteiro com seus raios de luz se fazendo ouvir pelo barulho intenso de suas trovoadas. Seu dizer era forte como o trovão. E não foi possível para mim não ouvi-lo. Não foi possível para mim fechar os olhos para a luz que vinha de você. Sua voz ressoou como um eco dentro de mim que se repetia incessantemente. E de tanto repetir-se, a cada dia se tornava mais intenso, a cada dia diminuía os espaços entre suas pausas, a cada dia, construía-se sob novas modulações. Os ecos tomaram forma e adquiriram novos contornos.

De repente, muito de repente, eu me vi diante de algo surpreendente: eu me vi diante da *beleza absoluta!* Aquela beleza de que falava Sartre e que me intrigava tanto.

Era quase incrível para mim! Eu estava a um passo de encontrar aquilo que há tanto tempo estava procurando. Há tanto tempo eu vinha pesquisando sobre isso! Teoricamente eu entendia, mas, de fato, não alcançava sua compreensão. Agora o fato se desvelava ali na minha frente. E eu te disse isso. Era belo o que você dizia em suas cartas; era belo o movimento que você criava; eram belas as coisas que você me dizia ao me contar da sua vida; era belo o seu sentir; era belo o seu fazer. Era bela a sua vida. Era bela a sua dor. A partir daí, tudo o mais que tanto me ameaçava desapareceu. A beleza que você irradiava para mim me fascinou e retomei minha pesquisa. Só que dessa vez, o ponto de partida vinha sob nova perspectiva. Eu queria falar de uma beleza que se manifestava ou que se originava da dor, porque foi dali que ela se desvelou para mim.

E assim, tão intimamente sintonizados, construíamos, como uma sinfonia, em dois tempos, uma nova forma de vivenciar nossos sofrimentos. A frase melódica central era a mesma e a partir dela, muito delicadamente, a sinfonia começa a sua abertura. Com carinho aceitávamos as nossas dores, com cuidado cuidávamos das nossas emoções. Nada era negado, até porque nós sabíamos muito bem que a fonte que jorrava dentro de nós tinha sua origem no mistério. Logo, todas as dores que sentíamos adquiriu certa nobreza que merecia a nossa reverência. O *amor fati* de Nietzsche? Não sei. Pode ser, mas pode não ser. Não importa muito. Todos os dias, você me enviava uma nova carta, e eu a lia, depois a comentávamos pelo telefone. Eu me emocionava com o que você escrevia; ria e chorava com a beleza de seus dizeres. Corria para o meu texto e anotava novas descobertas que eu fazia no meio da minha correria diária. Você criava a beleza e me inundava com ela. Descobri que a beleza extasia e me deixei levar pela fascinação que tudo aquilo exercia sobre mim.

Entretanto, o meu sentir estava voltado para o seu sentir. Aquela nova vida que crescia em você passou a crescer também dentro de mim. A cada momento que você me procurava para me mostrar seu novo rebento, eu o acolhia dentro de mim como se fosse meu. O seu sentir, sem que eu me desse conta disso, despertou em mim algo tão novo que ainda não encontrei, nem para mim, uma forma pela qual ele possa ser dito. A única coisa que sei é que a beleza de suas criações tomou conta de mim e me fez olhar a minha própria dor com olhos mais ternos. Foi, então, assim, dessa forma, carregando todo esse turbilhão efervescente dentro de mim que subi as escadas que me levariam até você no dia do funeral do seu pai.

Cheguei logo cedo, por volta das sete da manhã. Imediatamente me surpreendi pela estética do lugar, que difere tanto dos demais utilizados para essas circunstâncias. Aos poucos, porém, comecei, sem pensar (não havia lugar para pensamento naquele momento, só agora consigo fazer isso até para poder organizar um pouco as minhas ideias), a perceber não o local em si, mas o que havia por trás de tudo que ali estava, ou seja, o que aparecia para mim não era o ser das coisas, mas o seu sentido, ou o significado do ser de cada uma dessas coisas. Era uma experiência única, nunca vivida, por isso não sei falar muito bem sobre ela. Mas o que pude constatar é que as coisas, aos poucos se revelavam para mim espontaneamente, sem pensamento. Tudo era só sensação e intuição.

Logo ao chegar, te vi abaixado perto da sua prima, tratando com ela algo que me parecia de ordem burocrática para aquela ocasião. Veio-me à cabeça a lembrança de que, há vários dias, você já estava com tudo organizado para aquele momento. Você preparou o último momento do seu pai com antecedência. Você fez por ele aquilo que você o viu fazer a vida inteira (me parece que você diz isso em algum momento da sua carta). Procurou um lugar onde ele pudesse receber sua família e seus amigos com o mesmo calor humano "que ele sempre procurou colocar em suas pizzas". E como em um filme em câmara lenta, eu fui vendo, aos poucos, passo a passo tudo aquilo que intencionalmente (contudo, sem saber e sem pensar) eu procurava: a beleza. E assim foi: observei o *cuidado* com que você preparou o lugar, observei seu *carinho* na harmonia das flores escolhidas; imaginei você procurando na memória e retirando do fundo do coração palavras de *amor* a serem colocadas nas faixas que contornavam as coroas; percebi ainda a *delicadeza* em vestir o seu pai de uma maneira elegante e sóbria, compatível com a forma digna (palavras suas) pela qual ele se colocou no mundo. Observei sua *generosidade* ao procurar um lugar onde todos pudessem confortavelmente descansar o seu corpo e aquecer o frio – que geralmente percorre nossas almas, nessas ocasiões – com uma bebida quente. E assim, detalhe por detalhe, um a um meus olhos foram desvendando todos os seus cuidados, o seu carinho, a sua dedicação, o seu reconhecimento, a sua sensibilidade o seu calor humano, em suma, a sua Beleza. É isso a Beleza: eu constatava emocionada! Estou diante dela e diante do seu criador.

Sartre tinha razão: a beleza absoluta não está nas coisas criadas, nem está nos olhos de quem as vê. A beleza não está na perfeição, nem na harmonia das formas. Ela, a beleza em si mesma, está exatamente no ato da criação humana, no exercício através do qual se cria de forma única, individual, absolutamente original, em cada situação, um novo ser. E, quanto mais conflitiva, quanto mais ambígua, quanto mais contraditória a situação se apresente, maior deverá ser o esforço da criação e maior será sua beleza, porque diante do contraditório ou do ambíguo não existem possibilidades preestabelecidas; não existem soluções prontas; tudo está por fazer; tudo pode ser criado. Somos livres para criar, como somos livres para copiar, mas ao copiarmos abdicamos da liberdade e acabamos nos tornando, nós mesmos, uma cópia.

É tudo isso e muito mais que me fez ver em você um criador de coisas belas.

Você negou todas as antigas cópias que te fizeram fazer, se apropriou da sua liberdade e criou suas próprias saídas. E fez isso no momento mais duro de sua vida; a partir de uma dor que se fazia quase insuportável; a partir de algo que nunca antes havia sido vivido, mas que te colocava agora diante de um futuro muito próximo e totalmente desconhecido. As decisões precisavam ser tomadas e as escolhas precisavam ser feitas. Diante desse absurdo que é a morte, desse nada ou desse vazio de ser, você desatou suas amarras, se desfez dos antigos grilhões que atavam seus pés ao chão e voou em busca daquela barraca que num dia de sol com todo carinho seu pai colocou no ar. Hoje vejo que você optou pela arte como uma forma de se colocar no mundo, isto é, você escolheu a forma mais verdadeiramente humana e autêntica de viver. E assim fazendo me colocou diante da oportunidade de ver e de compreender o que eu tanto buscava: a essência da beleza.

Obrigada por você existir; obrigada por me deixar fazer parte de sua existência.

Estou pronta para voar junto com você na busca desse mundo infinito que, a partir de agora, nos espera.

Com todo o meu carinho,

Neide.
6 de agosto de 2012.

Posfácio

Quando o Edelcio me convidou para escrever o encerramento do seu livro, confesso que isto me causou uma grande emoção. Primeiro porque este livro fala de um momento muito delicado e, ao mesmo tempo, muito rico de sua vida e do qual eu pude participar de forma intensa. Por outro lado, o fato de ele me oferecer nesta obra o espaço em que deveria ficar registrada "sua" palavra final tem para mim um significado muito forte, ou seja, ele deixou ao meu encargo um olhar finalizador que pudesse abarcar a totalidade do que foi aqui colocado. E é essa generosidade do Edelcio que sempre me emociona e a qual eu pretendo retribuir agora com todo carinho.

Num primeiro momento, pensei em escrevê-lo aos moldes de uma carta para que ele ficasse harmonizado com a maior parte do livro. Mas, tratando-se de um posfácio, optei então por uma mescla, ora mantendo um discurso indireto, ora escrevendo de forma direta, como diretas foram tantas as palavras pronunciadas aqui. Aproveito, então, esta ocasião para esboçar algumas breves reflexões sobre certos movimentos que surgiram no período em que eu e o Edelcio vivemos muito juntos todo o sofrimento desencadeado pela doença e, posteriormente, pela morte do seu pai, Sr. Francisco Ottaviani.

Na verdade o que me move aqui a fazer este balanço é a lembrança do meu espanto diante da reação de inúmeras pessoas que nos cercavam naquele momento, ao constatar algumas condutas do padre, do teólogo e do professor Edelcio que fugiam do que era esperado para aquela situação; fugiam do convencional ou daquilo que fazia parte do imaginário e do ideal esperado para um homem que carregava consigo mesmo tais titulações. De fato, só agora, distanciada daquele turbilhão de sentimentos que nos invadia, seria possível compreender com mais clareza o que se passou. Todavia, quero deixar claro que não pretendo fazer aqui nenhuma análise sociológica, nem tentar explicar coisa alguma. A proposta que me faço é de apenas refletir sobre aquele quadro de acordo como ele hoje me aparece e, para tanto, gostaria de retomar esse movimento desde o início.

Certo dia, pela manhã, Edelcio me telefonou dizendo que havia escrito uma carta para seu pai. Era um dos inúmeros momentos difíceis pelos quais o Sr. Francisco passou na UTI. Enquanto ele comentava alguma coisa sobre o que havia escrito, tive muita vontade de lê-la, mas mantive a minha discrição e não ousei manifestar o meu desejo de colocar os olhos sobre a folha de papel que havia sido preenchida durante a madrugada. Não obstante, minha discrição demonstrou-se inútil, pois, em seguida, ele disse que me enviaria, por e-mail, a carta iniciada na véspera para que eu a lesse. Fiquei feliz pela confiança. Abri meu e-mail e lá estava ela. Uma carta linda, em que ele retomava de forma muito carinhosa alguns aspectos daquela relação tão delicada construída com o pai. Fiquei muito emocionada e liguei para ele em seguida dizendo-lhe, entre outras coisas, que aquilo que eu via era, além de tudo, uma linda prosa poética. Lembro-me que ele ficou um pouco incrédulo quando lhe falei do aspecto poético do seu texto. "Você acha mesmo?" – me perguntava, espantado. E eu confirmei, imbuída de muita certeza.

A partir daí, ele *desandou* (como ele gostava de dizer) a escrever cartas. Mas o que seria esse *desandar* senão uma percepção de andar de forma contrária àquela que ele sempre andou? E, naquele caso, esse *desandar* parecia ainda estar ligado a uma intuição de que sempre havia andado amarrado a algumas certezas significadas e construídas ao longo da sua vida, mas das quais agora parecia disposto a se desprender. Lembro-me de dizer-lhe, certo dia, que "o via mais solto e mais livre na escrita poética dessas cartas do que na escritura de seus textos filosóficos que, às vezes, me pareciam um pouco engessados e presos". E ele imediatamente reconheceu e concordou comigo, me respondendo com muito entusiasmo: "É isso mesmo! E eu estou exatamente pesquisando sobre a verdade e sobre a questão da liberdade nesse meu trabalho atual!".

Tudo se encaixava. Desse momento em diante, quase todos os dias havia uma nova carta na caixa de entrada dos meus e-mails. E a cada dia ele se sentia mais feliz em escrevê-las e, por isso mesmo, a cada dia suas cartas se tornavam mais bonitas. As palavras brotavam mais naturais, livres, formando uma linguagem encantadora e cheia de sedução, de tal forma que eu já esperava por elas. Líamos juntos pelo telefone e, apesar das dores daquele momento, nossas leituras se davam entre muitos risos e, às vezes, também em meio a muitas lágrimas.

E assim, em um movimento circular, aquele momento tão difícil ia se fazendo mais suportável, menos doloroso: quanto mais ele se apropriava da sua liberdade, mais ele escrevia, mas como o próprio ato de escrever já é, em si mesmo, um exercício de liberdade, quanto mais ele escrevia mais se reconhecia como agente dessa liberdade criadora que se manifestava como renascente. E o interessante nisso tudo é que, ao se perceber nesse movimento, suas condutas se alteraram bruscamente. Seu comportamento causou certo estranhamento, assustando os que o rodeavam. Realmente, ele já era outro. Era outro Edelcio que aparecia no cenário, desestabilizando quem o conhecia.

A partir de então, escrever tornou-se algo imperioso; quase não dormia; se saía, precisava logo voltar para continuar escrevendo. Era como se ele tivesse se descoberto, de repente, como um criador de uma criação infinita. Sim, pois não havia limites claros nesse processo. O limite era o pai e foi a iminência da morte do pai que fez dele um criador. Logo, a morte adquiriu uma dupla face, isto é, se manifestava para ele sob duas ameaças: a perda do pai e a perda da inspiração despertada nele. "Será que depois que meu pai morrer, o meu poder criador morrerá com ele?", me perguntou, certo dia. A escrita já havia perdido seu caráter contingente para tornar-se algo necessário e urgente, e a solução para tal urgência estava na presença sugada da alma do pai. A infinitude do ato criador estava garantida e suas atitudes denunciavam de forma explícita uma nova interioridade.

Assim sendo, como seria possível às pessoas, sempre tão prontas a explicar tudo, alcançar agora a compreensão desse fenômeno? Edelcio surgia com uma aparência debilitada, tornando evidente a todos a imensa dor que o abatia, mas, ao mesmo tempo, toda essa sua imagem coerentemente dolorosa para o momento vinha contornada pela enorme e desconcertante euforia trazida pela liberdade que o embriagava e o abarcava por inteiro. Diante dessa contradição explícita (e as pessoas não aceitam os comportamentos contraditórios, pois isso as confunde), os mais próximos começaram a colocar em questão as suas condições psíquicas: "Acho que a ameaça da perda do pai está levando o Edelcio à loucura" – arriscavam uns. Outros, mais moderados, diziam com um tom muito preocupado e sério: "Edelcio não está nada bem; acho que ele está descompensado". Outros, mais seguros, enfatizavam: "Deve ser uma fuga". De fato, aquele Edelcio sempre tão racional e cuidadoso em seus discursos, certamente para proteger sua nudez, passou a usar as mesmas palavras para desnudar publicamente seu coração. Era desconcertante.

Se até então a polêmica estava restrita ao aspecto contraditório de sua conduta, tudo se complicou ainda mais quando, no auge do seu entusiasmo, resolveu mostrar as cartas (antes restritas à família e a alguns pouquíssimos amigos) a algumas pessoas mais próximas. Em seguida, na passagem da fase do entusiasmo à fase da euforia, o teor das cartas não ficou reservado ao âmbito dos mais próximos; passou a fazer parte de suas homilias; era comentado com várias pessoas, padres, fiéis e frequentadores da igreja em geral. E, é claro, quando nos expomos estamos sujeitos a tudo e nem sempre ouvimos o que esperamos. Era preciso estar disposto a sofrer as críticas. E ele estava, mas como estava também muito sofrido, qualquer manifestação era recebida com muita intensidade: se viesse com tom positivo, até aliviava a dor; caso contrário, causava muito sofrimento e conflito. As reações às críticas negativas vinham às vezes de forma descontrolada. Tivessem elas o teor que fosse (positivo ou negativo), eram levadas muito a sério e se tornavam objeto de reflexões, exigindo dele um esforço enorme e rigoroso. Costumavam gerar discussões intermináveis, causando ainda mais sofrimentos, pois, no fundo, acabavam por exigir dele uma racionalização do que não é racionalizável, ou seja, daquilo que não é da ordem das razões, mas dos sentimentos.

No entanto, tudo isso era a oportunidade de, diante de todos, experimentar, de vivenciar aquela liberdade desenclausurada: "Eu sou um peixe do oceano, portanto, não tentem mais me prender em um aquário" – já anunciava ele de forma discreta em um de seus escritos, e, mais tarde, de forma nada discreta a todos os presentes, inclusive ao bispo, na celebração do velório do seu pai. Foi como se a morte do pai lhe oferecesse a oportunidade de um renascimento: o pai se foi e o filho renasceu livre.

A partir daqui, peço licença aos leitores para retomar o tom de carta deste livro e me dirigir diretamente ao Edelcio.

Pois é, meu grande amigo, foi com tudo isso, e que agora retomo, que me vi de uma hora para outra envolvida, tentando compreender e estabelecer uma reflexão crítica sobre tudo o que se passou há pouco mais de um ano, mas cujas ressonâncias continuam a reverberar em nós. A imagem que esse novo Edelcio colocou no mundo é no mínimo desconcertante para as pessoas de um modo geral, e é compreensível que muitas de nosso círculo de amizades e de trabalho manifestassem até certo desconforto, não apenas uma simples preocupação. Pensando hoje sobre esses fatos (e que foram muitos), duas perguntas logo se impõem: o que, de fato, naquele cenário, incomodou tanto as pessoas? Por que tanto desconforto diante da maneira que Edelcio encontrou para lidar com a doença e a morte iminente do pai?

Em primeiro lugar, vejo que as críticas tinham duplo caráter: um ao Edelcio teólogo e padre, cobrando dele uma coerência entre o que diz em suas cartas e os dogmas cristãos. Como não sou teóloga, não posso me atrever a elaborar nenhum comentário nesse sentido, mas também não é esse o sentido que me interessa, neste momento, refletir. Outro ao Edelcio professor e filósofo que, como qualquer agente social, deveria, em certa medida, estar atento à própria imagem.

As críticas, embora por perspectivas diferentes, acabaram confluindo para o mesmo ponto: um meio social já constituído, abalado em seus princípios e valores pela nova imagem de um de seus integrantes, por algumas palavras ditas e outras não ditas. Localizando de forma mais restrita o problema, poderíamos dizer que a questão reside numa suposta contradição apreendida por uma comunidade que rapidamente tentou explicar as condutas de um de seus participantes referenciando-as a algumas fórmulas já previamente estabelecidas: "Edelcio, padre, filósofo, teólogo, professor universitário, isto é, um membro do mundo acadêmico, conhecedor, portanto, das grandes teorias e sistemas filosóficos, não pode se revelar como escritor dessa coisa menor e banal que é a poesia, ainda mais escrita em forma de cartas familiares, e onde, além de tudo, expõe seus sentimentos, suas emoções, sua vida privada e a vida privada da família que na verdade só interessariam a ele e a mais ninguém". "Isso não faz nenhum sentido!" Portanto, é algo contraditório, logo não cabe no interior dos nossos quadros racionais construídos. Dessa forma, suas condutas atuais tornaram-se ininteligíveis; não são passíveis de explicações, pois têm sua origem no reino da contradicção. Resultado: são inaceitáveis, são ameaçadoras!

A partir daí, muitas questões começaram a surgir para mim. E a que mais me espanta diz respeito exatamente a essa contradição. Por que as pessoas exigem do outro com quem convivem tanta coerência, se nós humanos, em nossa própria condição, somos seres necessariamente contraditórios? Afinal, quando imersos em uma mesma situação, não somos seres capazes tanto de rir como de chorar, tanto de amar quanto de odiar, tanto de sofrer o próprio prazer? Ou ainda, de ser lúcido na escuridão do seu ser? Em suma: de reivindicar o infinito pela própria finitude?

Por outro lado, também percebo que há uma grande diferença entre vivenciar essa contradição própria à nossa condição, com uma outra (muito parecida, mas na realidade muito diferente) que é a escolha de uma vivência conservadora, carregada, no entanto, do germe da inautenticidade. Tal escolha diz respeito a algumas atitudes ambíguas, muito próprias da nossa sociedade, que afloram quando se quer afirmar aquilo que interiormente se nega; quando se pensa ou escreve sobre algo que não se faz; quando se racionaliza aquilo que se sente para não sofrer as consequências do sentir; enfim, quando se oscila entre o ser e o não ser. Creio que é precisamente aqui que reside o nó da questão que deu origem a todo esse movimento conflituoso em torno de suas cartas.

Edelcio, observe só, que coisa interessante: várias pessoas se espantam pelo fato de você expor em suas cartas seus sentimentos, suas dores, suas relações e seus conflitos familiares, suas expectativas de vida, seus sucessos e seus fracassos, enfim, sua alma. Entretanto, essas mesmas pessoas em nada se surpreenderiam se o encontrassem fora da igreja, ou do ambiente acadêmico, vestindo uma roupa de fim de semana, ou uma bermuda, ou mesmo se o encontrassem em uma praia ou piscina com roupa de banho... Nada disso causaria desconforto a ninguém; estaria tudo muito adequado. Expor o próprio corpo é hoje muito natural para qualquer um. O que fica muito difícil compreender – principalmente quando nos vemos no interior de um grupo mais conservador – é por que se aceita com tanta naturalidade as diversas formas de presença do corpo e se exige tanta discrição quando se trata da exposição da alma que, desde Platão, sempre foi considerada a parte mais nobre e mais bela do homem. Para mim, especialmente, isso se torna mais incompreensível ainda, porque não vejo separação entre corpo e consciência, mas, de qualquer forma, é inadmissível que se esperem tantas reservas com relação à vida subjetiva, quando a vida objetiva está aí, inteiramente desnuda.

Se levarmos ainda em consideração o fato de essas mesmas pessoas, tão espantadas com a liberdade e a coragem que você demonstra ao expor sentimentos e emoções, serem as mesmas que hoje se expõem em redes sociais, tudo isso fica mais complexo. É precisamente aí que se faz necessário estabelecer a diferença entre uma conduta inautêntica e uma conduta contraditória. O apelo às redes sociais nada mais é do que uma necessidade não só de colocar em exposição a própria vida, mas também de conhecer a vida exposta pelo outro. E tudo isso em nome de um pressuposto totalmente aceito e compatível com o nosso tempo: só existe aquilo que aparece; o que não aparece não existe. A *sociedade do espetáculo*, anunciada por Gui Debord em 1968, tomou rumos incontroláveis, de tal forma que hoje vivemos um processo de inversão instalado profundamente nas consciências humanas. Se antes a dúvida aparecia no dualismo aparência/realidade, hoje não existe lugar para a dúvida, pois não há nenhuma separação entre a verdade e a aparência. Elas se tornaram uma só e mesma coisa: o verdadeiro é aquilo que aparece. Isso significa que a verdade não precisa ser mais buscada; ela não é mais *deveniente* como afirmava Hegel e depois Heidegger e Sartre. A essência da verdade se encerra no próprio aparecimento do fenômeno. Reduzida à aparência, a busca pela verdade perde seu sentido e a realidade concreta se dissolve, se desfaz em sucessivas e fugazes exposições de imagens.

Portanto, Edelcio, é de esperar que, no meio dessa sociedade que hoje se quer inautêntica, qualquer pessoa que desponte com essa coragem se constitua como uma voz ameaçadora a incomodar o *sono dogmático* de determinadas consciências. Estas, ao optarem por negar a própria liberdade, optaram também por se colocar no mundo fazendo da má-fé o seu próprio ardil. Foi isso, me parece, que deu origem ao tumulto naquele momento, abrindo espaço para que sua conduta fosse tida como incômoda e impertinente.

Nisso tudo, Edelcio, uma coisa me conforta e não me deixa desanimar: hoje você se identifica com um peixe de oceano. Os aquários não o comportam mais e agora o vejo empenhado em realizar um encontro com você mesmo, que não se restringe apenas a um apelo pela verdade. Trata-se, neste momento, de um movimento singular cujo agente toma como prioridade o exercício da própria liberdade, melhor dizendo, é precisamente em nome de uma liberdade (que é só sua) que você pretende criar um caminho (que é só seu) em busca da verdade que você intenciona alcançar. E preciso lhe dizer ainda que é nessa sua obstinação que eu coloco a minha esperança.

Sartre afirmava que *o homem vive na verdade como um peixe na água*. Se suas águas agora estão muito mais profundas, posso afirmar que seu olhar está mais transparente e seu espírito, muito mais forte. Termino este posfácio querendo que você saiba pelo menos que, em meio a tudo o que aconteceu, uma verdade também se apresentou a mim: nadamos sem medo nas profundezas desse mesmo oceano.

NEIDE BOËCHAT

Notas

[1] A grafia da palavra afeto acrescida de um "c" é para tornar expresso o sentido de variação da potência dos corpos quando se encontram. Trata-se de um experimento único e singular que se depreende das relações e que alteram os corpos afetados, aumentando ou diminuindo sua força de agir ou a de existir. Com o emprego desse termo, pretende-se ir além dos sentimentos psicológicos para alçar uma dimensão relacional.

[2] NIETZSCHE, Friedrich. *Assim falou Zaratustra*. Prólogo § 1, p. 33.

[3] Período aproximado entre a redação de *Assim falou Zaratustra* e a manifestação da doença mental que alienaria Nietzsche de suas atividades intelectuais até o dia de sua morte (25 de agosto de 1900).

[4] Cf. AGAMBEN, Giorgio. *O que é o contemporâneo? e outros ensaios*, p. 69 ss.

[5] Cf. ibidem, p. 69.

[6] Iesus Nazarenus Rex Iudaeorum (Jesus de Nazaré Rei dos Judeus).

[7] RILKE, Rainer Maria. *Cartas a um jovem poeta*. 1ª Carta.

[8] QUEIRUGA, Andrés Torres. *Repensar a ressurreição*, p. 169.

[9] Ibidem, p. 189.

[10] Ibidem, p. 213.

[11] SÊNECA, Lúcio Aneu. *Cartas a Lucílio*. 2. ed. Tradução, prefácio e notas de J. A. Segurado e Campos. Lisboa: Fundação Calouste Gulbenkian, 2004. Livro I, § 2, p. 4.

[12] SALOMÉ, Lou. *Friedrich Nietzsche à travers ses oeuvres*. Traduit de l'allemand par Jacques Benoist-Méchin. Paris: Bernard Grasset, 1992. p. 33. (A tradução da passagem foi feita e adaptada por mim.)

[13] Embora se chame Francisco como meu pai, desde pequeno denomino meu irmão assim e parece que é um modo fraterno dos irmãos oriundos das famílias de imigrantes italianos chamarem o irmão mais velho.

[14] Vide carta a minha mãe.

[15] Forma carinhosa com que chamo minha única sobrinha, Bianca.

[16] RILKE, Rainer Maria. *Cartas a um jovem poeta*. 1ª Carta.

[17] Entrevista com Paul Valadier. IHU – On-line. São Leopoldo: Unisinos, p. 4, 13 de dezembro de 2004. Disponível em: <http:www.ihu.unisinos.br>. Acesso em: 15 jun. 2007.

[18] RILKE, Rainer Maria. *Cartas a um jovem poeta*. 1ª Carta.

19 FOUCAULT, Michel. *As palavras e as coisas*. Tradução Salma Tannus Muchail. São Paulo: Martins Fontes, 2007. p. 9.

20 FOUCAULT, Michel. *A hermenêutica do sujeito*, p. 198-199.

21 Ibidem.

22 Cf. ibidem, p. 62.

23 Ibidem, p. 63.

24 Ibidem, p. 65.

25 A *Segunda Consideração Intempestiva de Nietzsche* traz como subtítulo: "Da utilidade e desvantagem da história para vida" (Unzeitgemässe Betrachtungen – Zweites Stük: Vom Nutzen und Nachtheil der Historie für das Leben). Tradução de Marco Antônio Casanova. Rio de Janeiro: Relume&Dumará, 2003.

26 SARAIVA, F. R. dos Santos. *Inspiro. Novíssimo Dicionário Latino-português*. 11. ed. Rio de Janeiro: Garnier, 2000, p. 618

27 Cf. SANTO AGOSTINHO. A perda de um amigo. In: *Confissões*. Livro IV, § 4.

28 Todos têm consciência de que Paulo era cidadão romano por ter nascido na cidade de Tarso. Cf. O'CONNOR, Jerome Murphy. *Paulo: biografia crítica*. São Paulo: Loyola, 2000.

29 AGAMBEN, Giorgio. *O que é o contemporâneo? e outros ensaios*, p. 85.

30 Ibidem.

31 "Com-sentindo (*synaisthanomenoi*) provam doçura pelo bem em si, e isso que o homem bom prova em relação a si o prova também em relação ao amigo: o amigo é, de fato, um outro si mesmo (*heteros auto*)". Os trechos aqui referidos se situam entre os parágrafos 1170a28 – 1171b35 da *Ética a Nicômaco*. A tradução de Leonel Vallandro e Gerd Bornheim, da versão inglesa de W. D. Ross, e presente na Coleção "Os Pensadores", traduz *aisthanetai* por "perceber", fazendo a contraposição entre "perceber" (percepção – própria também aos animais e ao homem) e "pensar" (própria somente ao homem). Agamben mantém "sentir" e liga-o a sentimento, tão próprio à amizade. Do mesmo modo "com-sentir" é traduzido por "comprazer-se". Agamben associa "sentir com" à doçura do mel, provada por aqueles que "com-dividem" a vida.

32 ARISTÓTELES. Ética a Nicômaco, apud AGAMBEN, Giorgio. *O que é o contemporâneo? e outros ensaios*, p. 87.

33 Cf. ARISTÓTELES. *Ética a Nicômaco*, IX, 1170b.

34 Apud, ibidem, p. 88. (N.A.: Agamben não faz referência à obra nietzschiana da qual ele tirou essa citação).

35 Apud, ibidem, p. 91.

36 Ibidem, p. 91.

Referências bibliográficas

AGAMBEN, Giorgio. *O que é contemporâneo? e outros ensaios.* Tradução de Vinícius Nicastro Honesko. Chapecó: Argos, 2009.

ARISTÓTELES. *Ética a Nicômaco.* Consultoria, supervisão e revisão técnica desta edição. Porto Alegre: Artmed, 2009.

BÍBLIA DE JERUSALÉM. Nova edição revista e revisada. São Paulo: Paulus, 2002.

CALASSO, Roberto. *A Folie Baudelaire.* Tradução Joana Angélica d'Ávila Melo. São Paulo: Cia das Letras, 2008.

COMBLIN, Joseph. *Vocação para a liberdade.* São Paulo: Paulus, 1998.

_____. *O Povo de Deus.* 2. ed. São Paulo: Paulus, 2002.

FOUCAULT, Michel. *A hermenêutica do sujeito.* Tradução de Márcio Alves da Fonseca e Salma Tannus Muchail. São Paulo: Martins Fontes, 2006.

_____. *As palavras e as coisas* (1966). Tradução Salma Tannus Muchail. São Paulo: Martins Fontes, 2007.

_____. *O governo de si e dos outros I* (1982-1983). Tradução de Eduardo Brandão. São Paulo: Martins Fontes, 2010.

GUTIÉRREZ, Gustavo. *A verdade vos libertará – Confrontos.* Tradução de Gilmar Saint'Clair Ribeiro. São Paulo: Loyola, 2000.

MATEOS, Juan; BARRETO, Juan. *O Evangelho de João*. Tradução de Alberto Costa. São Paulo: Paulinas, 1989.

MEIER, John P. *Um judeu marginal*. Rio de Janeiro: Imago, 1997. v. II.

NIETZSCHE, Friedrich. *Assim falou Zaratustra*. 16. ed. Tradução Mário da Silva. Rio de Janeiro: Civilização Brasileira, 2007.

O'CONNOR, Jerome Murphy. *Paulo*: biografia crítica. São Paulo: Loyola, 2000.

_____. *Paulo de Tarso*: história de um apóstolo. São Paulo: Paulinas/Loyola, 2007.

PAGOLA, José Antonio. *Jesus, uma aproximação histórica*. Tradução de Gentil Avelino Titton. Petrópolis: Vozes, 2010.

SANTO AGOSTINHO. *Confissões*. 15. ed. Tradução de J. Oliveira Santos e A. Ambrósio de Pina. Petrópolis: Vozes, 2000.

SARTRE, Jean-Paul. *Baudelaire*. Paris: Folio Essais, 2000.

Impresso na gráfica da
Pia Sociedade Filhas de São Paulo
Via Raposo Tavares, km 19,145
05577-300 - São Paulo, SP - Brasil - 2014